QUELQUES VUES

SUR

LES FINANCES.

A VERSAILLES, DE L'IMPRIMERIE DE LEBEL,
IMPRIMEUR DU ROI.

QUELQUES VUES

SUR

LES FINANCES;

PAR UN SERVITEUR DU ROI.

VERSAILLES,
A LA LIBRAIRIE D'ANGÉ, RUE SATORY.

1815.

EXPOSÉ.

CET Ecrit fut suggéré par le prétendu projet d'un impôt sur la monture. C'est l'ouvrage de peu de jours : le talent manque ainsi que l'habitude d'écrire, et l'isolement prive des notions nécessaires.

Dans une telle matière, il est également difficile de s'entendre soi-même, et de se faire entendre des autres : rien n'est plus rare que de s'y préserver des méprises, des illusions et même des inconséquences.

Mais l'autorité du style ou du renom, se voit seule menacée du danger de consacrer l'erreur; et les plus justes craintes de l'amour-propre ne comptent pas devant la moindre chance de rencontrer quelqu'idée utile.

L'homme simple et obscur s'abandonne au cours indépendant d'une loyale pensée, bien certain de ne pas nuire, peu inquiet de se compromettre et toujours exempt de porter trop de foi à ses propres vues, ou trop de respect aux banales opinions.

SOMMAIRE.

Le Ministre des Finances est despote : l'aveu du Conseil et le concours des Chambres sont illusoires; leur sanction obligée consacre ses erreurs ou voile ses délits. Il n'y aura de sagesse dans les plans et de garantie contre les actes, qu'au moyen de l'établissement d'une commission spéciale : rien ne le prouve mieux que le système arbitraire et désastreux de 1814.

Les contributions marquent à peine, devant la masse des richesses nationales : elles ne montent qu'au centième du capital total, qu'au huitième des produits annuels. La moindre chance dérange davantage la balance; le retour de l'ordre et de la paix, en compense largement les effets, et c'est assez d'un ou deux ans pour rétablir l'ancien équilibre.

Le crédit courant est étranger au crédit consolidé : il se relève en peu de temps et à peu de frais; il se repose sur les moyens plutôt que sur la foi. On mine ses bases en altérant les élémens de la richesse; on ne reforme des capitaux qu'en en detruisant d'autres : l'équité oblige de peser les intérêts opposés : la prudence engage à ne pas consommer les pertes sèches.

Une ère nouvelle s'ouvre pour la fortune publique. Le travail manque d'emploi, et les emplois sont privés de capitaux : il faut se garder d'entamer ceux-ci, ainsi que d'entraver celui-là. La rareté des capitaux rend les profits énormes, et l'Etat fonde son espoir sur leurs épargnes naturelles : tout impôt nouveau en arrête la formation : on doit rejeter sur l'avenir, une forte part des charges actuelles. Les aliénations et les anticipations se présentent à cet effet ; la baisse du prix vénal, ou le taux élevé de l'escompte, n'entraînent qu'une perte fixe, au lieu d'une perte progressive.

En matière d'impôts, la règle essentielle est de ménager les moyens de reproduction. Le travail se trouve au premier rang, car les capitaux sont stériles sans son aide : la population est le siége du travail ; les nécessités de la vie n'entrent point au domaine de la loi. Les capitaux sont précieux en raison de leurs profits ; le capital rural est le plus productif. C'est en vain qu'on impute les charges imprévues au compte du revenu ; il est déjà au-dessous de la dépense, et les épargnes n'existent pas ; le prélèvement s'opérera sur le capital.

Il s'agit d'opter entre les capitaux, et de frapper sur le moins précieux. Le capital foncier s'offre à ce titre ; c'est le terme obligé où tout aboutit ; son dommage est peu sensible et se répare vîte. Il importe seulement de l'isoler du capital rural, de respecter le maintien annuel du travail : on est amené ainsi aux droits de mutations et à la surtaxe de l'impôt territorial. Un mode semi-progressif pare aux dangers : les contribuables se sauvent par quelques avances, d'une ruine certaine, et l'Etat s'acquitte de sa dette sans consommer une perte irréparable.

QUELQUES VUES
SUR
LES FINANCES.

DE LA DIRECTION DES FINANCES.

Les limitations apposées par le systême féodal à l'exercice de la souveraineté légitime, furent dirigées vers une fin unique et commune : les Etats et les Parlemens, les Diètes et les Cortès n'étoient autorisés dans l'origine qu'à voter sur les services en nature et ensuite sur les subsides. Et en effet l'immense majorité des hommes n'est affectée des actes du gouvernement, qu'en tant qu'ils frappent sur leur aisance par l'intermède de l'impôt.

Mais le progrès subit des lumières a tellement ébloui nos foibles yeux, que cette simple vue, cette seule vue réelle s'est tout-à-fait éclipsée en face des plus vaines chimères et des plus perfides attentats; ou plutôt après l'exil de la bonne foi et dans l'état actuel des finances, une œuvre si facile à remplir aux temps de simplicité, ne pouvoit plus s'exécuter par le même mode.

Quoi qu'il en soit, et sans citer les autres nations, une expérience assez coûteuse nous démontre depuis vingt-cinq ans, que le concours des corps représentatifs aux mesures fiscales, est de toute nullité. On chercheroit vainement une seule occasion où les projets de la puissance exécutrice n'aient pas été adoptés presque d'emblée et dans leur ensemble; et telle est la force des choses, que l'année 1814, cette année prédestinée, vient joindre par un accord contre nature sa terrible leçon aux leçons révolutionnaires.

C'est qu'il y a impuissance absolue. Le Ministre entravé par les circonstances, ou inspiré par la vanité, ne présente ses plans qu'au dernier moment : l'urgence est invoquée en leur faveur; c'est le temps d'agir et non de discuter; il faut que la patrie périsse ou que la raison se soumette; la charge du devoir est ainsi rejetée au compte éventuel de l'avenir, et l'arriéré des sages conseils s'accumule sans fin de budget en budget.[1]

Et comment seroit-il possible à trois cents personnes issues de tous les points du royaume, de s'entendre et de s'accorder sur cette œuvre aussi délicate que compliquée? Une Commission débute, qu'il est facile de séduire à l'aide des sophismes et des passions;

la tribune s'ouvre ensuite, où chacun parle comme à sa propre idée, sans calculer l'effet, sans apprécier les données, sans se rallier à la discussion : les lumières qui pourroient en jaillir sont privées d'un foyer capable de les réfracter et de les condenser.

Aussitôt que l'autorité ne les tient plus sous le frein, toutes les opinions mises en liberté et égales quant au titre, s'exaltent et se débattent de sorte qu'on ne tomberoit d'accord que de lassitude. Il ne sauroit sortir d'un tel chaos, aucun plan mûri par la raison et rédigé dans un sens précis ; la question préalable fait justice tour à tour de chaque projet, et c'est par la méthode négative de l'élimination, que le système ministériel resté seul dans la lice, obtient enfin la sanction obligée de l'assemblée.

D'ailleurs l'économie politique est bien éloignée de former un corps de science : ses principes ne sont ni fixes ni manifestes, et se réduisent à des généralités extraites de faits variables et temporaires ; pour descendre des hauteurs de la théorie au champ de la pratique, il n'existe que la voie des approximations, que l'aide des modifications.

C'est à peine si l'école est ouverte et la chaire n'est point encore nommée. Parmi ce grand nombre de députés élevés sur des bancs étrangers, il s'en trouve quarante-peut-être qui en conçoivent une idée exacte, vingt qui se sont exercés à une étude suivie, dix qui ont réussi dans leur travail; et où sont-ils ceux qui joignent à la connoissance des données positives, l'art plus précieux que le génie, d'y adapter les maximes reconnues?

Qu'importe au reste puisqu'il n'est plus temps? En matières de finances la publication des plans consomme, par le fait seul, une forte partie des désastres attachés à leur exécution. Tantôt c'est le crédit du souverain sur les cœurs et sur les esprits, qui se voit compromis par des projets effrayans; et l'on conçoit que le refus de leur adoption ne tendroit qu'à l'affoiblir et à l'ébranler davantage: tantôt ce sont des craintes imprimées d'une part, ou des espérances suscitées de l'autre, dont la réalisation, si elle n'a pas lieu, ne paroît jamais qu'ajournée, et autour desquelles se coordonnent toujours les passions effarouchées, et les spéculations aventureuses.

S'il faut parler maintenant de l'administration, au moins sur ce point, l'ambition des corps législatifs ne s'est pas exercée jusqu'à cette heure : et comment ne voit-on pas cependant qu'à l'égard du crédit public, ainsi que pour les recettes et les paiemens, tout dépend du mode et des termes de l'exécution.

La vérification des comptes est également impraticable. Il ne s'agit plus ici de talent ni de savoir, mais de pratique seulement, si bien qu'il n'est pas dix hommes en France en état d'accomplir ce travail : quel est l'esprit, tel fort qu'il soit, qui ne se perd pas aux parties doubles, et n'est point troublé par la magie des chiffres? A prendre un député capable, il lui faudroit un an d'examen pour s'instruire des détails et s'assurer des calculs; à en charger l'assemblée entière, des siècles ne suffiroient pas : rien n'en prouve mieux le néant, que de jeter un regard sur les pages chiffrées par millions et par milliards, qui sont fournies depuis quinze ans.

Qu'est-ce alors que ce refuge tant préconisé de la responsabilité où se tiennent à l'affût toutes les jalousies insensées, toutes les impuissantes prétentions? On a vu que les projets souvent si désastreux, passent bientôt, par une fatalité inévitable, au bilan secret de la conscience des législateurs; on voit que les actes et les comptes n'incombent en réalité à la charge de personne, puisque les moyens manquent pour en juger le bien être ou le mal être.

Les grands mots couvrent rarement un grand sens ; l'affluence des remèdes dénote d'ordinaire leur inefficacité : si l'Etat tombe en souffrance ou en ruine, le mal ne sera pas réparé par la condamnation d'un Ministre ; et avant le jour de l'arrêt, la menace ne porte pas coup, la crainte ne retient pas sous le seuil, attendu qu'aucune leçon exemplaire n'a encore été donnée.

En somme, la division simulée des pouvoirs constitue essentiellement un despotisme exempt de contrôle et parfois libéré de honte et de pudeur, à la disposition du Ministre des finances : l'erreur se dissimule à sa conscience même, et le délit se garantiroit de toute recherche, sous l'invincible égide des sanctions obligées et des ratifications idéales.

Et il ne faut pas croire que les délibérations du Conseil des Ministres, puissent apporter des sauve-gardes subsidiaires : c'est au plus si deux ou trois d'entr'eux seront versés dans l'économie politique, et leur opinion ne comptera jamais aux yeux de la majorité, devant l'autorité du Ministre dirigeant : ils sont d'ailleurs absorbés par le soin de leurs propres fonctions ; ils manquent des notions indispensables, ou ne les reçoivent que d'un collègue intéressé.

Quels que soient le génie et la vertu des membres du Gouvernement, il est une force plus puissante qui décide sans appel de leurs erremens : chacun tient à sa mission, soit par esprit de vanité ou de dévoûment, soit par l'ascendant seul de la personnalité ; pour éviter les oppositions, il s'établit une habitude tacite de concessions respectives : sauf dans les mesures générales, les délibérations sont comme arrêtées et souvent rédigées à l'avance : ce n'est qu'une affaire de forme.

Il y a cependant de quoi frémir à voir un seul homme, fût-il aussi intègre qu'habile, disposer à forfait, et à son idée, de la fortune publique, ainsi que des fortunes privées. La législation des finances est sans doute l'objet le plus important et le plus difficile ; leur administration présente un caractère analogue : il est déjà fort rare de rencontrer un Ministre capable de diriger celle-ci ; et il est impossible d'en imaginer un propre à ordonner de celle-là, sans le concours des lumières étrangères.

Aucune tête n'est en état de supporter le faix de ces deux attributions réunies : il arrive que les forces ainsi détournées et disséminées, faillissent également à une fin comme à l'autre; et la seule ressource est de déléguer tout ou partie d'une sorte de pouvoir : c'est alors un premier commis ou un directeur subalterne qui conçoit et détermine les plans, qui impose la loi, sous le nom de son chef, au Conseil et aux Chambres. Il ne faudroit pas aller plus loin que l'an 1814, pour en trouver l'exemple frappant.

Mais bientôt le Ministre est remplacé par une autre personne qui, de toute la succession, n'accepte librement que la puissance et l'orgueil. Le hasard pourroit lui susciter les mêmes pensées, qu'elles seroient aussitôt écartées par l'esprit de domination ou de contradiction : il n'est point d'autorité qui le retienne, point de raisons qui le persuadent. Le système déjà mis à exécution sera jeté de côté, ou suivi de travers; son application avoit peut-être été funeste, et sa destruction sera encore plus ruineuse.

Tout nécessite donc l'établissement d'une législation spéciale, d'une législature distincte et permanente : tout engage à fonder un ordre réel et préalable de solvabilité, plutôt que de se reposer sur l'appui illusoire et tardif de la responsabilité. Les conceptions doivent être éclairées et mûries; il faut que la surveillance soit constante et la vérification efficace.

On est plus heureux qu'il n'est possible de le dire, d'en trouver le parfait modèle dans un état de choses où il s'en présente beaucoup d'autres de diverses natures, et contre lequel les passions ne se sont tant acharnées qu'en haine des digues qu'il leur opposoit, dans l'antique régime de ces institutions monarchiques qui possèdent du moins au-dessus de toutes les constitutions écrites, la double prérogative de s'être organisées à l'aide d'une expérience successive, et d'être garanties par des épreuves effectives et prolongées.

De temps immémorial, il existoit en France un Conseil ou une Commission des finances, comme il existe encore en Angleterre des bureaux de la trésorerie et de l'échiquier : un président et des conseillers, un contrôleur ou un directeur général, en voilà le type capital, et voilà la seule sauve-garde du revenu et du crédit public; il ne falloit pas moins que le bouleversement de toutes les têtes, que l'anéantissement de toutes les idées réelles, pour effacer jusqu'à la moindre trace d'un établissement aussi naturel, aussi indispensable.

Sept ou neuf membres suffiroient : ce

nombre est assez élevé pour fournir un tribut complet de notions, et débattre sur le choix préférable des moyens ; il n'est pas trop considérable pour désespérer de remplir les places, avec des hommes versés dans la matière, investis d'un juste renom, exempts de préjugés comme de tentations, et surtout étrangers aux faits et gestes de la révolution.

Le point fondamental est de convenir qu'aucun des membres du Conseil ne pourra parvenir aux fonctions de directeur général, afin de laisser toute franchise aux consciences et toute liberté aux opinions, dont l'envie et l'ambition ne manquent jamais d'entraver la loyale allure.

Si l'on tient à la division des pouvoirs, elle n'est que là; si l'on veut obtenir des lois sages et durables, elles ne sont que là ; si l'on met du prix à la surveillance des actes et à l'examen des comptes, ils ne sont que là. Et, comme dans tout état, les finances comportent le plus grand intérêt du peuple, comme dans l'état actuel de la France, les finances doivent disposer de la richesse nationale, et influer sur la consolidation du trône, on peut dire hautement que tout est là.

Telle est l'importance de cet établissement, qu'on se croit obligé, malgré sa répugnance, à suivre les brisées du seul homme qui n'eût pas le droit d'y exercer aucun contrôle, de jeter un coup-d'œil sur les plans et les actes du Ministre des finances de 1814, dont la marche erronée apporte des preuves d'autant plus incontestables, que son intégrité et sa capacité personnelles sont unanimement reconnues.

Son système étoit dirigé vers une seule fin : il s'agissoit de flatter l'opinion et de servir les intérêts de Paris, tant par la hausse des rentes que par le paiement de l'arriéré. L'arrêt est inexorable : Paris est tout, et la France entière, la France asservie et amaigrie, doit lui être sacrifiée, de même que pendant toutes les phases de la révolution.

Mais il faut jeter un voile épais sur les yeux de la victime, pour l'entraîner sans peine aux autels. Le montant de l'arriéré est donc exagéré peut-être jusqu'au double, et les recettes présumables de l'exercice sont réduites d'un cinquième environ : c'est le moyen de se tenir plus au large dans les voies qui doivent s'ouvrir en secret.

Le Ministre se fait déléguer ainsi le pouvoir d'aliéner une forte portion des forêts, sans craindre d'entamer la seule ressource imputable de long-temps aux dépenses d'une guerre étrangère. Il fait porter le taux de l'impôt foncier presqu'au pair de celui fixé sous l'interrègne, et le droit sur les sels au-dessus du tarif décrété dans les formes légales, sans craindre de refouler au fond des ames attristées, l'espérance et la confiance si bien autorisées par les sentimens du plus tendre des pères.

Vainement les denrées coloniales présentent une matière imposable, libre et riche, sûre et facile; la part qui leur incomboit, est rejetée sur la denrée dont l'emploi est le plus important, dont le marché se resserre le plus vîte, dont la saisie ne s'opère qu'à contre-temps, qu'à grands frais et à grands risques (1).

L'exécution est analogue aux conceptions. Jamais la rentrée des contributions foncières ne fut pressée avec plus de sévérité : il n'est accordé nulle remise, nul délai même, aux provinces dévastées par la guerre; et les fonds qui en proviennent se voient appliqués abusivement à des opérations de bourse, au dé-

(1) On pourroit voir à ce sujet les Observations comparatives sur la taxe des sels et sur les droits de douane, ainsi que l'Addition auxdites observations. *Migneret*, 1814.

triment de l'armée qui, déjà mal disposée, se trouve encore aigrie par les retards de la solde, par les réductions du traitement.

D'un autre côté la liquidation s'effectue. Cent soixante-huit millions sont acquittés à moins d'un an : rien de mieux sans doute; mais il est bon de savoir d'où vient la recette et à qui va le paiement : ce n'est pas du moins aux créanciers les plus liquides et les plus légitimes; le ministre de la guerre de ces temps-là en divulgue assez le secret : on paie qui paie, voilà le mot; et l'argent soustrait par parcelles au misérable, se précipite en masse aux gouffres de l'intrigue.

Cependant les forêts sont en vente. La loi n'a point fixé le mode, et nulle instruction officielle ne le détermine; le choix est laissé à la commande des spéculateurs; le prix de l'expertise est abandonné aux hasards ou aux tentations. L'annonce des ventes s'affiche à peine sur les lieux mêmes, et ne se montre aux journaux de Paris, que peu de jours avant le terme fatal; enfin l'adjudication s'entame et se conclut dans le mois.

C'est alors qu'arrive la catastrophe de long deuil et d'éternelle honte; et c'est bientôt que se lève une nouvelle aurore d'espérances et de repentir ; mais les leçons ne disent rien dans un sens comme dans l'autre.

A peine les bureaux sont ouverts qu'on en voit sortir, en dépit de l'intérêt fiscal, au détriment de la morale publique, à l'encontre de l'institution légale, cette insolite mesure qui consacre d'emblée et sans examen toutes les aliénations de forêts, effectuées sous l'usurpation ; et cette mesure, assez analogue, qui, en ratifiant avec justice la vente indue des rentes amorties, manque au devoir de séquestrer et poursuivre les fauteurs d'un tel brigandage.

Mais les besoins urgens de l'État ordonnent l'érection d'un impôt de cent millions : il s'agit seulement d'en fixer le mode, et c'est cela même qui est omis. Telle est la rédaction de l'ordonnance, qu'ici la taxation est établie à titre personnel et par des voies arbitraires, tandis qu'ailleurs elle est assise en surcharge de la contribution foncière : ainsi celui-ci ne paie que sur ses biens, celui-là paie sur ses biens et sur sa tête, et cet autre ne paie d'aucune manière.

On ne parle pas des injustices : en fait de salut public, il ne peut être qu'une iniquité devant qui tous les torts privés ne comptent pas d'un scrupule. Mais le plus vaste champ est ouvert ainsi aux plaintes, aux jalousies, au désespoir et à l'impuissance même; et voilà le mal : il s'ensuit que le recouvrement est entravé et que la ressource est illusoire. C'étoit assez de se faire entendre ou plutôt de s'entendre soi-même, pour éviter un tel désastre.

Enfin il est tombé sous les coups de l'orage général, ce chêne imposant dont les racines sembloient implantées au moins pour le terme de trois ans, sur un sol préparé avec tant d'art, à l'effet de les recevoir et surtout de les consolider. Le Ministre a donné sa démission : et comme s'il falloit dérouter l'opinion publique, ou épouvanter son successeur, c'est à l'instant même qu'un journal officieux ou semi-officiel vient proclamer avec emphase qu'il laisse vingt millions dans les coffres du Roi. Vingt millions, juste ciel! Un trésor dans de tels temps! et il n'en falloit pas la trentième partie pour prévenir les insurrections menaçantes et déplorables de Strasbourg. Vingt millions! on ne veut pas, on ne doit pas dire en quel lieu, à quelle fin cette simple parole devoit frapper et aboutir.

On n'accuse point l'ancien Ministre; on vénère le Ministère actuel au degré le plus éminent. Mais quels que soient les individus, la force des choses l'emporte et sur les vertus, et sur les talens et sur les leçons; sous des limites fort resserrées, des erremens analogues se manifesteront constamment tant que l'homme sera seul, par cela même qu'il est trop fort de pouvoir et trop foible de moyens, par cela qu'il devient despote dans les conseils, et esclave dans ses bureaux.

DES CONTRIBUTIONS DE GUERRE.

Certains esprits s'agitent et se troublent à l'égard des contributions de guerre. Le reste de cet écrit est consacré aux moyens d'y subvenir; il ne s'agit dans ce moment que des effets de leur paiement.

Et d'abord un mot de raison et de justice n'est jamais insolite, quoique souvent illusoire. Il semble à beaucoup de gens que l'exemple du dernier Gouvernement ne peut servir d'excuse aux Alliés; mais c'est pourtant la même nation qui retira alors les profits et qui subit maintenant les pertes; la caisse royale, de même que la caisse antérieure, remplit l'office de banquier de la richesse publique, et si la compensation étoit parfaite, le bilan national se trouveroit absolument au pair.

Ce n'est pas un délit propre aux Souverains de l'Europe, si la France s'est laissée asservir jusqu'à n'être plus que l'instrument passif de l'usurpateur, si elle s'est trouvée assez avilie pour ne pas s'en délivrer sans des secours étrangers. La France étoit toujours la

France sous ces deux phases analogues, et c'est encore la France, à cette heure que le Roi est rendu à ses vœux comme à ses besoins.

Mais faudra-t-il donc que les innocens paient pour les coupables ? S'il existe une limite tranchante entre les uns et les autres, elle doit être bien difficile à fixer, et il paroît assez juste de payer d'un peu d'or, le sang dont chacun se montra si avare. Que ne jette-t-on d'ailleurs une forte part de la charge, au compte des criminels notables ? Que n'opère-t-on, au sein de l'Etat, cette séparation dont les Alliés ne peuvent se mêler ? Alors, seulement, il y aura deux Frances à leurs yeux; alors la France innocente, ou du moins inerte, sera en droit d'invoquer le bénéfice des traités.

En tout cas, l'usage des services gratuits ne s'est pas introduit encore entre les sociétés humaines; le premier exemple en fut donné l'an de grâce 1814, l'an du monde 5764; et cette exception mémorable, loin de faire règle au détriment des libérateurs, devoit plutôt porter la leçon à leurs obligés.

La question se résout en un simple dilemme dans la conscience des Souverains : il leur falloit décider si la France, lâche ou coupable, seroit soumise aux frais de la seconde guerre, ou si le fardeau en resteroit imposé sur ces peuples étrangers, qui, par deux fois, s'exposoient pour sa cause. Tout homme d'un autre siècle ou d'un pays neutre peut donner la réponse.

Il y a environ cinq cents millions à exporter hors de France, car c'est sous ce rapport seul que chacun s'effraie. On ne portera pas en déduction les sommes vraiment importées par les armées, pendant leur séjour passé et futur : mais il faut parler de la dépense réelle des voyageurs, qui, suivant les calculs faits avant le 20 mars, se montoit à cent millions par an ; il faut mentionner le débit extérieur des produits indigènes, et l'apport des denrées coloniales, qui jetteront d'autre part un profit annuel égal ou supérieur.

Avant le terme de trois ans, la balance sera donc au pair : on aura fait de la terre le fossé. C'est un temps perdu seulement pour les progrès de la richesse publique ; et si l'égide royale étoit descendue trois ans plus tôt sur la patrie, la perte se trouvoit réparée à cette heure, sans mettre en ligne l'épargne immense des dernières guerres.

Il est facile de doubler et de tripler la dose des calmans. On a supposé un sacrifice de cinq cents millions : or, le capital foncier de la France est d'environ trente milliards, et cette somme n'en fait qu'un soixantième ; il suffit d'une fausse mesure, d'une récolte médiocre, pour en consommer une bien plus forte part.

L'Alsace paie quatre ou cinq millions d'impôt territorial ; elle possède donc vingt-cinq millions de revenu, de sorte que son capital foncier est de cinq cents millions ; ainsi la brèche seroit égale, pour la fortune nationale, soit qu'on paie la taxe de guerre, soit qu'on cédât l'Alsace aux Alliés ; c'est tout comme si un banquier prenoit telle somme fixe dans une seule caisse ou proportionnellement dans un grand nombre de caisses. Or, quel est l'homme qui, sous les rapports des moyens de l'Etat, s'inquiéteroit de la perte de cette province.

On dira peut-être que le capital foncier est un fonds mort et stérile, qui ne compte pas parmi les ressources actives ; et dans les mystères de l'économie politique, où personne ne voit bien clair, il est plus séant d'admettre les axiômes que de les réfuter, toutes les fois qu'ils se réduisent à néant dans l'application. Mais on conviendra du moins que le capital foncier compte dans l'acte de son échange contre des valeurs mobiliaires ; lorsque l'ordre et la paix auront élevé le prix des terres du denier vingt au denier vingt-cinq, il existera un cinquième en bénéfice dans la fortune réelle de chaque propriétaire, et cet excédant certain est acquis au moyen de la légère prime d'un soixantième.

On arrive à comparer la perte de cinq cents millions vis-à-vis le capital mobilier de la France. Son évaluation ne peut être que fort hasardée dans l'état actuel de la science; mais la marge est si considérable que les erreurs marquent à peine.

Le capital mobilier doit se diviser sous les titres de capital rural, industriel, rentier et usuel.

Le capital rural se compose des instrumens et des produits de l'exploitation. On peut établir que l'ensouchement du cultivateur se porte à trois années de la rente; et d'après le montant de l'impôt foncier, il paroît que le revenu de la France s'élève à quinze cents millions, qu'on réduit à douze cents millions, à cause des vignes et des maisons; d'où il suit que l'ensouchement seroit de trois milliards six cents millions.

La méthode d'estimer les produits annuels d'après l'état de la consommation intérieure, est fort convenable dans un pays presque privé de commerce ; or, vingt-quatre millions d'habitans consomment au plus bas, l'un dans l'autre, deux livres et demie pesant de denrées farineuses, dont le prix peut être fixé à deux sols la livre ; cela fait cinq sols par jour, pour chacun, ou quatre-vingt-dix livres par an ; et pour la nation entière, c'est environ. . . . . 2,100 millions.

Il convient d'y ajouter pour le reste de la subsistance, un tiers de cette somme. . . . 700

2,800 millions.

Tel est le montant de la production rurale auquel il faut joindre à peu près sa demi-valeur, pour la quantité de cette sorte de denrée amoncelée d'une année sur l'autre. . . 1,400

Le total est de. . . . 4,200 millions.

Et en reportant le capital actif. 3,600

Le capital rural est de. . . 7,800 millions.

Le capital industriel se compose également d'une portion productive et d'une portion produite. La première, qui comprend les usines, fabriques, navires, etc., peut se supposer de douze cents millions.

Les matières brutes et ouvrées forment la seconde, en en distrayant toutefois les objets achetés à crédit; et il paroît probable qu'une autre déduction doit être faite, attendu que les retours de vente dans cette partie se réalisent à moins d'un an. Or, en suivant la même méthode d'évaluation, on a lieu de croire que la consommation moyenne de l'homme, en objets d'industrie, se monte à la moitié de sa dépense en denrées rurales : ce seroit alors quatorze cents millions qu'on porte seulement pour. . . . 1,000 millions.

Il faut y joindre la quantité de produits accumulés dans les fabriques et les magasins, jusqu'à la vente, et elle doit être à peu près égale, ci. . . . 1,000

Le total est de. . . . 2,000 millions.

Et en rapportant le capital actif. 1,200

Le capital industriel est de. . 3,200 millions.

Or le capital rural est de. . 7,800

TOTAL général. . . . 11,000 millions.

Telle est la masse des capitaux de premier

ordre, des capitaux qui sont en circulation, en action constante d'échange, en état de valeurs réalisables.

Dans le second ordre des capitaux, on remarque d'abord le capital rentier ou aliéné à titre de prêt, soit à l'Etat, soit aux particuliers, qui grève en partie le capital foncier, et dont il ne seroit pas question ici, si ce dernier avoit été porté dans les calculs. Son revenu ne peut être au-dessous de deux cents millions, et forme ainsi un fonds de quatre milliards.

On trouve ensuite le capital usuel, c'est-à-dire, les meubles et vêtemens, qui généralement garde le caractère d'un fonds amorti par son emploi même, bien que le besoin et souvent l'impôt le force à se transformer, avec beaucoup de perte, en une valeur réelle par la voie de l'échange ou de la vente. En supposant qu'il s'élève au double de la dépense annuelle en produits ruraux, ce seroit environ deux cent quarante francs par tête, et on auroit une somme à peu près de six milliards.

On ne parle pas du numéraire; car à considérer la fortune publique sous ce point de vue, son office se borne à servir d'intermède pour l'échange des valeurs matérielles, de sorte qu'en le portant en ligne, on feroit souvent un double emploi, et toujours un faux emploi; il ne se revêt d'une valeur propre et absolue, que lorsqu'un papier monétaire vient le remplacer dans ses fonctions, et lui permet ainsi de s'échanger en dehors de l'Etat contre des marchandises.

Voilà donc que la charge de cinq cents millions n'équivaut qu'au vingtième des capitaux de premier ordre, et au quarantième seulement des deux sortes de capitaux réunis; la perte nationale seroit de cinq pour cent sur le fonds de la richesse circulante; elle ne seroit plus que de deux et demi pour cent, en y ajoutant le montant de la richesse amortie. Or un Etat est semblable en tout point à un individu; et quel est l'homme qui s'épouvanteroit d'un semblable sacrifice?

S'il convenoit de faire l'addition du capital foncier et du mobilier, la somme se monteroit à cinquante milliards, sur quoi la charge ne seroit que d'un centième. Il est clair qu'en l'acquittant par le prélèvement d'un pour cent sur chaque fortune, personne ne s'en trouveroit affecté; mais la loyauté manque en France, et à son défaut, le Gouvernement est forcé de recourir à des moyens qui entraînent une perte double et triple pour tous les particuliers.

Il semble que la charge diminueroit encore au dire de l'imagination, en mettant de côté les moyens de production et les réserves de produits qui rentrent du plus au moins au domaine des fonds consolidés, et en ne la comparant plus qu'à la masse des produits ruraux et industriels qui se consomment et se récréent annuellement. Or leur somme est de trois milliards huit cents millions, sur quoi le prélèvement de cinq cents millions ne s'élève qu'au huitième.

Il ne s'agiroit pour lors que de faire une économie dans la dépense annuelle, d'un huitième, d'un seizième, ou d'un vingt-quatrième, suivant qu'on voudroit acquitter les contributions sous un, deux ou trois ans; dans ce dernier cas elle seroit tout à fait insignifiante, et dans l'un ou l'autre elle ne seroit pas comparable aux économies forcées qu'imposent les guerres et les révolutions : l'on dira même qu'elle doit être tout à fait compensée par l'accroît progressif du produit annuel, que garantit le retour de l'ordre et de la paix, si l'impôt ne tient pas à la traverse.

Enfin les contributions n'emporteroient qu'un cinquième seulement des fonds de réserve rurales et industrielles amoncelées d'année en année; et ce léger vide ne s'apercevroit que lors de la liquidation finale de la société française, sauf cependant la foible augmentation du prix vénal qui en résulteroit pendant quelque temps.

On n'a pas dû toucher le point de l'exportation du numéraire; car il est aussi indifférent de payer sa dette au dehors en espèces ou en denrées, que de la payer en or ou en argent. Le numéraire n'est plus regardé comme le signe de la richesse publique, ni même comme le type de la valeur vénale : pour ceux qui le placent au nombre des marchandises, sa sortie est moins funeste que celle de toute autre, attendu qu'il se trouve plus souvent dans l'état de stagnation et d'improduction.

Il est plus vrai de dire que le numéraire constitue essentiellement un intermède entre les valeurs, un instrument pour les contrats : sous ce rapport son importance est grande, puisque les échanges ne s'effectuent qu'à son aide, et que leur but est de transmettre les matières au pouvoir du travailleur et du consommateur. Mais il suit de là même, que l'exportation du numéraire n'emporte aucun effet, lorsqu'un autre instrument, un papier monétaire, est appelé à remplir cet office; et s'il n'en doit pas arriver ainsi en France, le même résultat sera obtenu au moyen d'une circulation plus vive, où un seul sac d'argent remplace deux ou trois sacs, au moyen d'une confiance mieux fondée où le papier de commerce solde les comptes sans le secours de la monnoie.

Cependant, en supposant que le paiement des cinq cents millions consomme l'anéantissement absolu de ce capital, on doit observer qu'il s'est opéré des crises bien plus affreuses soit en France, soit en Angleterre : celle-ci a exporté depuis vingt ans, au continent, plus de cinq milliards, et il n'y paroît nullement; pendant la révolution, la ruine totale de l'industrie, les faillites de la dette publique, et l'abolition de la féodalité, ont détruit plus de dix milliards de capitaux dans des mains certaines, sans que le quart ou le tiers s'en soit consolidé dans d'autres mains, et la France s'est relevée bientôt.

On ne sauroit analyser le phénomène de cette réproduction des capitaux; mais le fait est manifeste, et il n'est nul doute sur l'influence protectrice qui est exercée à cet égard par la stabilité du Gouvernement : l'homme social assortit toujours ses erremens à l'ordre présent des choses; il parvient même avec le temps à tirer parti de l'ordre le moins favorable; ce sont les variations, quelles qu'elles soient, qui dérangent ses calculs, le détournent de ses fins, et abolissent une part des capitaux ou paralysent une sorte de travail.

Il n'est donné qu'aux dix mois du gouvernement royal de communiquer un foible aperçu du mouvement progressif que doit imprimer à la fortune publique, l'affermissement de la Monarchie, le retour des mœurs et de la bonne foi, et l'ouverture des rapports commerciaux. Aucune plume n'est digne d'en présager les résultats, et on se permettra seulement d'ajouter qu'une seule année aura probablement couvert en réalité le sacrifice des cinq cents millions.

DE LA LIQUIDATION DE L'ARRIÉRÉ.

Quand on s'adresse aux hommes, il convient de discuter le point de l'intérêt avant celui de l'équité, attendu que la balance est rarement indécise entre ces deux motifs.

Le plan du Ministre des finances de 1814 se consacroit sans réserve à l'idole du crédit; il n'étoit pas difficile d'en obtenir un sourire, en lui offrant, en guise d'encens, toutes les moissons et tous les germes de la richesse nationale; et c'est bien en pure perte qu'un créancier fictif de l'Etat a délayé son éloquence en phrases fort diffuses, pour prouver qu'il avoit réussi dans cette œuvre favorite.

Les questions relatives au crédit de l'Etat n'en restent pas moins entières, et sont fort délicates à traiter. En admettant la suprématie du crédit bursal sur toutes les autres vues du bien public, il n'est pas moins manifeste que sa source essentielle consiste dans la stabilité du Gouvernement; quand même il seroit porté au *maximum*, au moyen des plus grands sacrifices, c'est assez d'une révolution politique pour le réduire à néant, attendu qu'un Gouvernement nouveau ne sauroit hériter des prérogatives de celui qu'il vient de renverser, et ne sauroit commander la foi, que par l'épreuve de ses propres erremens.

Le point capital pour garantir le crédit bursal, est donc de consolider l'existence de notre dynastie, de la fonder sur les bases si douces et si sûres de l'amour et de la gratitude. Le crédit moral du Souverain constitue la fin vers laquelle tout doit se diriger; et le crédit bursal est ébranlé plutôt qu'affermi, toutes les fois que, sous l'ombre de le servir, on compromet le crédit moral.

Or, en tout temps et surtout après un long oubli, après la ruine des mœurs et des habitudes, le peuple ne peut se prendre et se gagner que par les appas de l'égoïsme; ses idées se calquent sur ses sensations; son affection se balance au poids de son aisance; s'il éprouve une surcharge au lieu d'une décharge d'impôts, il reste dans l'apathie, il est entraîné vers la répugnance, ou du moins il ne s'élève point jusqu'au dévoûment. Et à cet égard, on ne sauroit dire combien le système de 1814 a préparé des voies faciles à la catastrophe du 20 mars.

Mais il convient d'analyser l'idée, souvent

si vague, du crédit. On le voit au prémier coup-d'œil se diviser en deux sections presque isolées, savoir, le crédit consolidé ou de la rente constituée, et le crédit flottant ou du service public; les capitaux afférents de part et d'autre ne se confondent jamais, et leurs possesseurs sont sans rapport entr'eux. Le premier ne s'établit que par une longue durée de la paix intérieure, par une longue expérience des ressources de l'Etat et des erremens du Ministère : le second, au contraire, se promène en peu de temps du plus haut au plus bas de son échelle; les fournisseurs et les traitans, pressés par l'avidité et confians dans leurs ruses, se livrent aisément de même qu'ils se retirent.

Un exemple doit suffire : pendant l'usurpation, les marchés se concluoient à bas prix, et les effets du trésor, jusqu'à un an de terme, se négocioient à quatre et cinq pour cent, tandis qu'un emprunt de cent millions ne se seroit pas rempli à dix pour cent.

Il n'est donc point nécessaire de travailler à grands frais, le crédit consolidé, pour fonder le crédit flottant; et au contraire d'autant le cours de la rente s'élève, d'autant il se verse et s'absorbe dans cet emploi des capitaux qui sont distraits ainsi du service public;

d'autant

d'autant on dirige les sacrifices de l'Etat vers la fin de bonifier ce cours, d'autant il reste moins de moyens pour garantir les paiemens courans.

Les ressources du revenu fiscal sont limitées par les craintes de miner la reproduction et de fomenter le mécontentement : aussitôt que la borne fatale menace d'être attouchée, la défiance ferme les bourses : c'est en vain que la personne du Prince est investie d'une foi indéfinie ; on sait bien qu'il n'y a pas de loi contre la force, que le trésor ne paie pas s'il ne reçoit, que le Monarque est contenu entre des devoirs qui se balancent et doit être dominé par le salut de la Patrie.

Un banquier dont l'actif seroit plus ou moins véreux, et dont le passif seroit nominalement au pair, s'exposeroit grandement en opérant ses paiemens à bureaux ouverts, à ne rien laisser pour les dernières créances : et l'on voit tous les jours que l'homme mieux avisé qui propose un atermoiement, ou une réduction générale, reprend après un léger laps de temps, on ne dira pas tous ses droits, mais du moins tout son ancien empire sur la confiance publique.

Il dérive de là une haute considération dont les calculs seroient criminels pour un particulier ou pour un Etat prospère, et deviennent légitimes par cela même qu'ils sont nécessaires dans la position actuelle des affaires. Telle est la facilité et la légèreté du crédit flottant, telle est son existence au jour le jour, que les faillites de l'arriéré l'épouvantent seulement pour l'instant; il sembleroit plutôt qu'elles lui nettoient la place, qu'elles appellent sa sécurité en raison des moyens ainsi réservés; les capitaux restant après le naufrage se montrent empressés de réparer leurs pertes, et souvent des capitaux, jusqu'alors étrangers, se livrent à l'aspect d'un gage devenu libre.

Le vase de miel où tant de mouches ont perdu la vie, n'en attire pas moins leurs avides compagnes. On a vu sous Desmarets les billets des monnoies faire office de numéraire en dépit de l'affreux état des finances; les assignats après avoir ruiné tant de familles, sont restés les instrumens volontaires de désastres nouveaux, pendant plus de trois ans : les nombreuses faillites de la révolution et de l'usurpation même, n'ont point empêché les fournitures et les négociations de se traiter au cours le plus favorable.

Pour expliquer ce phénomène, il faut entendre que le fait compte plus que le droit et que la puissance se pèse au-dessus de l'honneur; le crédit se repose sans inquiétude sur des ressources évidentes et claires que la mauvaise foi n'a nul intérêt de détourner de leur emploi, tandis que rien ne l'excite à se rendre aux promesses de la bonne foi, s'il la voit privée des moyens indispensables pour les remplir. Il arrivoit ainsi qu'un brigand déhonté possédoit plus de crédit que notre loyal Monarque.

Or, la France n'est pas dans le cas de faire usage du crédit consolidé. Toutes ses espérances se bornent à jouir du crédit flottant; et il est démontré que les mesures relatives à l'arriéré ne l'affectent nullement, ou plutôt l'affectent dans un sens contraire à celui qu'on supposoit.

Deux controverses incidentes ont été soutenues et produites à l'appui du paiement intégral de l'arriéré. Il a été dit que son transport sur le grand livre ruinoit les créanciers constitués, en dépréciant le cours vénal de la rente, et anéantissoit au détriment de l'Etat, la portion de capitaux perdus par les créanciers exigibles.

Un mot suffit sur le premier point. Le contrat de l'Etat avec ses créanciers s'est conclu à titre de constitut et s'accomplit par le service de la rente : on ne prit point l'obligation de rembourser le capital; nul exemple antérieur n'en donnoit l'espérance, et l'idée même de l'amortissement n'étoit pas encore mise au jour. Dans un tel marché, le capital est aliéné et consommé aussi bien qu'en fait de rentes viagères : les transferts ne s'en opèrent qu'à l'insu du débiteur, et nul devoir n'engage à l'effet d'en soutenir le prix vénal.

On sait d'ailleurs que les cinq sixièmes de la dette publique sont comme amortis aux mêmes mains, et tout à fait isolés de la place : la foible partie qui donne matière au jeu n'est possédée qu'au titre aléatoire de spéculation; en forçant la hausse du cours par des efforts ruineux, le bénéfice se réaliseroit induement à son profit exclusif. Il faut dire seulement qu'un cours inférieur réduit d'autant la masse des capitaux de la nation, et à cet égard la question se confond avec celle relative à la perte subie par les créanciers de l'arriéré.

On est fort éloigné de nier ou de mépriser cette perte très-réelle et très-fâcheuse d'une part de capitaux, surtout en tant qu'elle étoit habituellement active et productive; mais ce n'est pas tout de reconnoître l'intensité du mal ; avant de lui appliquer tel ou tel remède, il convient de balancer les effets respectifs.

Le plan du Ministre de 1814 subvenoit au paiement intégral de l'arriéré, d'une part avec le produit des forêts, et de l'autre avec un surcroît d'impôt. On ne dira rien sous le premier rapport : la convenance de garder les propriétés de l'Etat est un problême compliqué dont la solution doit être remise à la nécessité des temps. Si la mesure étoit impropre, c'est surtout parce qu'elle détournoit vers un objet moins utile, ce produit important dont l'avenir inquiet devoit plutôt commander la réserve.

Il est à considérer cependant que les fonds colloqués dans ces acquisitions, étant ainsi distraits du capital mobilier, y reforment un vide égal à celui qu'on prétendoit remplir ; de sorte que l'opération est au moins illusoire sous ce point de vue : et comme l'emploi de ces fonds pouvoit tout aussi bien s'appliquer à la décharge des impôts existans, la mesure se trouvera en outre justement appréciée dans l'examen du second rapport.

Le budget imposoit, en forme d'excédant, une quotité de contributions, à seule fin d'en verser les rentrées aux mains des créanciers de l'arriéré : voilà le point capital, le point commun. Et c'étoit ainsi qu'on prétendoit épargner à la fortune publique l'anéantissement d'une certaine part de capitaux.

Il faudroit ici analyser les secrets de la matière imposable et rechercher les effets de l'impôt à raison de son mode ou de son taux : mais on préfère supposer que l'impôt excédant n'attaquoit point la reproduction du travail ni des denrées, et qu'il frappoit uniquement sur le revenu libre.

La question est donc de savoir si ce revenu présupposé par la loi, se trouvoit en état de fournir à son appel. Or, depuis trois ans, on sait quel est l'état du revenu rural et industriel; on connoît les charges dont il a été grevé et les pertes qu'il a subies : dès-lors l'entente n'est plus au diseur; la loi sous-entend que l'impôt sera acquitté sur la rente, et ne calcule pas si cette rente se tiendra au pair de l'impôt. Tel homme réduira peut-être ses dépenses, pour se renfermer sous cette limite; mais en général, on ne le voudra pas, on ne le pourra pas; ainsi l'excédant sera pris sur le capital, et la perte, couverte d'un côté, se réalisera au bord opposé.

Dans l'industrie, le capital anéanti étoit plus productif que celui qui est reformé à son aide; parmi les propriétaires, la brèche ne semble faite qu'au capital foncier, moins précieux sans doute; et dans le fait, elle s'effectuera souvent sur le capital rural, attendu qu'avant d'aliéner un fonds, on se tourmentera long-temps pour presser le paiement des baux, dont l'acquit à contre-temps ruine peu à peu les fermiers.

C'est de cette manière que l'un perd où l'autre gagne, qu'une plaie se guérit par d'autres plaies, que la justice entraîne l'injustice. Le trésor est colporteur et non pas fabricant de capitaux; il ne lui est pas donné d'en créer la moindre parcelle; sous le coup de ses lois, c'est la balle qui est renvoyée de la main droite à la main gauche. Il reste seulement à savoir si le travail de tout le royaume doit s'exercer au profit de Paris, si les sources les plus pures doivent se perdre et s'enfouir dans ce gouffre dévorant.

On est ramené ainsi au point d'équité. En finance comme en politique, l'office du Gouvernement se borne au grand œuvre des conciliations : il n'y a équité qu'autant qu'il y a équipolence. Or, on a vu qu'en mettant même à part la prépondérance imposée par l'intérêt public, les poids respectifs se balançoient.

Mais il faut pénétrer plus avant. Les marchés de 1813 et 1814 n'ont pu se contracter qu'à des conditions insolites, que sous la réserve d'une onéreuse prime d'assurance, en raison des chances déjà imminentes : et tel fut le désordre de ces temps, que les pièces fournies en preuve de leur exécution, ne peuvent être exemptes de quelques soupçons de fraude.

Ainsi le paiement intégral menace presqu'autant de dépasser le montant légitime des créances, que la réduction ou la consolidation coure risque de n'y pas atteindre; ainsi le capital soustrait aux provinces et anéanti à leur détriment, n'est appelé en partie du moins, que pour créer à Paris un capital jusqu'alors inexistant. Ce n'est plus un transport forcé de richesses : c'est ici la dotation d'un fonds nouveau, et là, c'est la spoliation d'un ancien fonds.

Et quels sont donc les titres de l'arriéré? Quoi! on ne veut pas voir une seule et même nation, dans cette France qui se gorgea des dépouilles de l'Europe, et cette France qui doit en restituer une foible part? Et on voudroit confondre sous un seul et même être, ce Monarque exilé du trône natal, qui ne régnoit plus que sur les pensées, et ce soldat promu de crime en crime, qui ne rencontroit sous ses pas que des martyrs ou des bourreaux.

La personne sacrée est comme saisie par la dette de l'infernale tête : on ne sait quelle fatalité vient combler ce vide absolu qui les isoloit dans la hiérarchie morale et politique. Vainement les destins, long-temps suspendus, se sont enfin accomplis : le sceptre rentre aux paternelles mains, et ce sceptre dont les faveurs s'apprêtoient à dissimuler la puissance, devient lourd et écrasant, surchargé comme il est du poids de tant d'iniquités ennemies.

Jamais l'usurpateur de l'autorité n'eut de droits que pour engager sa parole privée, et l'on sait assez que rien ne l'astreignoit à l'accomplir; mais ses créanciers tremblans peuvent se calmer et se rassurer à cette heure: c'est en leur faveur que la Providence scrupuleuse amène de loin celui qui ne possédoit que l'honneur, celui qui tenoit au-delà de ses promesses, celui qui le premier remboursa des dépenses dirigées contre sa personne même.

Osera-t-on le dire? la reconnoissance de l'arriéré semble décerner une prime auxiliaire et ouvrir un crédit illimité au bénéfice des provocateurs futurs de la rebellion; les fonds ne se livrent point sans garantie; ils se hâtent au-devant de la pécune : si nuls risques n'en traversent la marche, c'est le profit seul qui en ordonnera.

Cependant si l'Etat avoit le moyen de reprendre des primes, combien de titres éminens en appeloient le bienfait? Et ne falloit-il pas penser plutôt à ces émigrés dont la fidélité entraîna la ruine complète; à ces royalistes dont le dévoûment compromit la vie ou la santé; à ces paysans et fermiers qui ont été ruinés par le contre-coup d'une invasion restauratrice; à ces soldats estropiés, qui expient dans la misère les crimes de leur tyran; à ces ouvriers qui attendent en vain du travail de ce jour la subsistance du lendemain; à ces pauvres, que la perte des mœurs et le transport des richesses laisse sans ressources; à toutes ces victimes de la révolution, dont les infortunes ne sont qu'un objet de risée pour tant d'indignes parvenus.

On a parlé du droit absolu. Il faut en venir maintenant au point de fait, et le fait à part de tout droit, ne laisse pas que d'avoir une grande autorité dans les matières politiques. Il est des distinctions notables entre les titres de l'arriéré : la solde et les traitemens se montrent au premier rang, soit qu'il convienne de s'attacher les titulaires, soit qu'il s'agisse de ne pas les désespérer : on citera ensuite les fournitures départementales; on n'y comprend pas les sous-traitans, attendu que la foi des fournisseurs leur étoit seule engagée, et que le recours personnel leur est laissé.

En thèse générale, la liquidation devroit s'entendre autrement qu'elle n'a été conçue jusqu'à présent. Il est reconnu que les pertes privées constituent nécessairement un désastre pour la chose publique, et l'urgence des temps pouvoit seule obliger à tolérer en partie ce fâcheux résultat; mais l'avenir, riche de tant de présages, seroit peut-être en état de subvenir au déficit des momens actuels; et nul motif n'engage à consommer les pertes, à trancher au vif dans la dette publique, et dans les fortunes personnelles.

L'atermoiement se présente naturellement à l'idée du négociant, dans des circonstances analogues, bien qu'il soit rarement assuré d'en accomplir les conditions. A défaut de la réalité des paiemens, il se développe dans leur vague attente, une certaine influence également propre à entretenir le crédit moral et à établir le crédit bursal : le retard inévitable des rentrées et les chances inégales de l'inquiétude sont compensées, autant que possible, soit par le taux élevé de l'intérêt, soit par la forme des effets au porteur.

On laisseroit aux fournisseurs la faculté de

réclamer l'inscription de leurs créances, et peut-être de les verser pour portion en paiement des bois vendus à l'avenir; on consacreroit quelques millions à en opérer le rachat au-dessous d'un cours fixé. Ainsi le prix vénal de la rente ne seroit plus menacé d'une grande dépréciation, attendu que les consolidations s'opéreroient à mesure des besoins et à raison de son taux avantageux; ainsi les fournisseurs généraux seroient plus en état de satisfaire leurs créanciers, et la perte qui devoit frapper en entier sur eux, se disséminероit, à l'aide des négociations successives, entre un grand nombre de spéculateurs.

Il ne conviendroit pas sans doute au gouvernement de notre Roi, de prendre un engagement précis, dès-lors qu'il n'est pas sûr de pouvoir le tenir; mais au dire du simple bon sens, l'intention d'un tel Monarque dépasse en valeur l'engagement de tout autre; et lorsque l'alliance de la bonne foi et de la bonne volonté se trouveroit impuissante pour parvenir à leurs fins, il n'est personne qui ne se soumît avec calme au joug de l'impérieuse et fatale nécessité, à l'exemple de ces glorieux martyrs atteints par ses plus absurdes fureurs et résignés aux plus cruels sacrifices, dont le sol de la France est couvert depuis vingt-cinq ans.

DES RESSOURCES GÉNÉRALES.

On est disposé, en thèse générale, à faire de larges concessions sur la matière des impôts. Il paroît démontré par l'expérience, que les Souverains sont d'autant plus puissans et mieux affermis, en raison directe de l'intensité des contributions : c'est par ce moyen qu'ils sont mis en état de s'attacher une armée nombreuse et soumise, d'entretenir une immense troupe d'agens fiscaux dont toutes les familles leur sont dévouées : il se forme comme une nation salariée au sein d'une nation contribuable, et la première constituée en plein accord, tenue constamment en action, est saisie d'une force prépondérante. Le pouvoir absolu des usurpateurs dérive encore de ces causes plutôt que de toutes autres. Si Louis XVI a succombé, ce n'est pas parce qu'il existoit des plaintes et un déficit, mais bien parce qu'il a donné une voie légale à celles-là, au lieu de combler celui-ci de son propre mouvement.

On seroit même tenté de croire que la

masse des impôts telle qu'elle soit, n'est point préjudiciable à la richesse nationale dans l'ordre habituel des sociétés, tant qu'ils sont assis d'après des principes justes, tant que leur taux est fixe et leur assiette constante. Ce qui se perd d'une part est gagné de l'autre: là on s'évertue pour remplacer le vide, tandis qu'ici de nouvelles voies sont ouvertes: le mouvement du mécanisme social se trouve tellement accéléré, que la stagnation des capitaux devient infiniment rare; et lors même que les rentrées fiscales seroient absorbées par l'entretien d'hommes stériles, il se pourroit que de tels avantages balançassent cet inconvénient.

Mais de ces considérations, la première n'est pas admissible à la pensée généreuse de notre Monarque, et la seconde est inapplicable dans l'état actuel de la France. Il faut donc rentrer à des maximes mieux appropriées.

Deux points de mire doivent captiver toute l'attention. La royauté n'est point consolidée par l'ascendant des habitudes, et n'est point appelée à se soutenir par les aides de la force : le respect et l'amour sont les seules bases qui lui siéent; et c'est au sentiment général du bien-être qu'il appartient de les fonder au sein de ce peuple disloqué ou dérouté, de ce peuple corrompu par le luxe et par la misère. La pierre de touche des plans de finance réside dans leur influence sur le crédit moral du Souverain.

D'autre part, depuis plus de trois ans d'une crise épouvantable, presque toutes les sources de la richesse publique sont détournées de leurs voies, ou desséchées dans leur cours. Ces successions de triomphes et de déroutes, ces transitions de calme et de troubles, cette instabilité du Gouvernement, et les défiances, les inquiétudes qui en proviennent, ont anéanti une forte part de capitaux, et en paralysent une plus forte part encore.

C'est comme une ère nouvelle qui s'ouvre sous le rapport de l'industrie et de la culture. Les canaux seront long-temps rétrécis par l'effet des craintes, et le filet d'eau fertilisante qu'ils répandent, est considérablement diminué : il importe de ne pas obstruer son passage; il importe de n'en pas perdre la moindre parcelle. Le fisc n'est pas libre de puiser, ainsi qu'en Angleterre, dans un océan de capitaux, dont la rosée extraite sans peine, doit y retomber et s'y confondre aussitôt.

D'autant que les moyens sont rares, d'autant ils sont précieux et productifs. Tel emploi qui ne porte pas cinq pour cent de profit, dans un pays prospère, promet, lors de la renaissance des espérances, un bénéfice de vingt pour cent, qui se réduira à quinze et à dix, à mesure de leur réalisation. Et d'autre part, tout impôt nouveau, soustrait ou du moins distrait une portion des capitaux de leurs emplois naturels, pour un temps qui sera d'autant plus long que la circulation est moins vive et moins active.

L'effet réel des subsides se trouve ainsi tout différent chez tel ou tel peuple. C'est toujours cent millions, par exemple, qui rentrent au trésor public; mais là, ces cent millions ne sont imputables au compte de la fortune nationale, qu'à l'escompte de cinq pour cent, qu'à l'échéance d'un ou deux mois : ici, au contraire, l'intérêt du prêt forcé se fixe à vingt pour cent, et le terme du remboursement est presque indéfini. Le sacrifice ne s'établit donc point en simple proportion de la somme, et la perte est aggravée en raison inverse des ressources.

C'étoit cependant de ces profits portés à un taux si élevé, par l'effet de la rareté des capitaux, que devoit se reformer et se recomposer la fortune publique : s'ils s'étoient

accomplis

accomplis en pleine liberté, le capital productif de dix milliards alloit monter, au bout de l'an, à douze milliards ; et le bénéfice annuel ne se réduisant que suivant la mesure de l'excédant acquis, il montoit chaque année, à peu près de la même quotité, de sorte à doubler peut-être, après le laps de cinq années. Il y a là de quoi donner à penser pour quiconque n'est pas résolu à égorger la poule aux œufs d'or.

On ne proposera pas toutefois de réduire le taux des impôts établis, car telle est la souplesse du mécanisme social, qu'il se moule peu à peu au système le plus funeste; et toute variation, même dans un sens favorable, dérange de nouveau cette marche des choses, de sorte que le bien éventuel est devancé par un mal immédiat.

Mais à plus forte raison l'érection d'un impôt inconnu et imprévu, produit l'effet certain de rompre la direction habituelle du travail, de dévier la commande de ses voies ordinaires, d'alterner la répartition des capitaux; indépendamment de la nature fâcheuse ou propice de l'impôt, il en résulte, pendant un long temps, que des fonds sont anéantis ou paralysés, que des bras restent oisifs entre l'emploi qu'ils perdent et l'emploi qu'ils attendent. Une telle considération se revêt d'une autorité prépondérante, alors que les fonds sont précieux par leur rareté, et que les bras sont mal pourvus de travail, alors que tous les espoirs de la richesse nationale se reposent sur les énormes profits de la reproduction.

En général, il importe de ne jamais créer un impôt au moment même du besoin, car on est tenté de le porter tout d'abord à un taux élevé, et le contre-coup en devient d'autant plus fort. L'homme d'état jette l'impôt à l'avance et comme à l'essai, afin d'en apprécier les effets; il le fixe sur une échelle presqu'insensible, pour y modifier sans saccade le cours des habitudes : ces deux points étant garantis, la charge peut s'augmenter progressivement, jusqu'à une limite incalculable. Tant il est vrai que la fortune publique n'est point proprement affectée en proportion de la somme nominale qui est perçue, mais seulement à raison du trouble, du vide, et des pertes que le mode et l'échéance de l'impôt font subir aux divers élémens qui doivent l'entretenir.

Cet aperçu à peine ébauché, prend cependant un caractère assez frappant pour établir en nature d'axiôme, qu'il est impossible de créer un nouvel impôt, et très-difficile d'aggraver le taux des anciens, à moins d'avoir la certitude parfaite qu'ils n'entravent pas le cours et n'obstruent point les voies de la reproduction. On reviendra ailleurs sur leur appréciation absolue et comparative à cet égard.

On parlera aussi des ressources de l'économie qui, dans tout état de choses, et surtout dans les occurrences actuelles, se présentent en première ligne ; leur latitude paroîtra immense, et peut-être suffisante, aussitôt que, d'une part, des vues tout à fait illusoires pour le moment, céderont le pas aux espérances les plus certaines de l'avenir, aussitôt que l'influence des considérations personnelles s'anéantira devant l'ascendant du bien public.

A leur défaut, ce sont les aliénations et les anticipations qui sont appelées d'abord à couvrir le déficit des premières années de cette nouvelle ère. Il seroit hors de saison de peser ici la convenance ou l'inconvenance de la propriété nationale : la question semble jugée, hormis pour les forêts, et les conditions prescrites aux acquéreurs pourroient également la résoudre.

Mais les calculs de l'économie politique se

réduisent à néant devant deux lois primordiales et préalables, la force des choses et le salut de l'Etat. Ainsi l'importance de la conservation des forêts royales, est fondée sur la difficulté de trouver d'autres moyens dans le cas très-probable et assez prochain d'une guerre étrangère : ce ne sera pas avant cinq ans de stabilité que la méthode des emprunts deviendra praticable ; et si l'époque devoit en être plus rapprochée, on ne seroit pas sûr d'y subvenir par la voie des impôts.

Il faut observer par contre, qu'un systême de subsides exagéré, dessécheroit les sources maintenant si fécondes qui doivent reformer et consolider la fortune publique. D'où il arrive que l'aliénation des forêts, en permettant de leur laisser un libre cours, garantit dans son amélioration progressive, comme une sorte de réserve applicable aux besoins éventuels de la guerre : on ne peut donc hésiter d'y recourir ; et on ne doit pas même s'effrayer du bas prix des ventes, car cette perte est consommée sur un capital stérile, au lieu que les pertes de la reproduction se rejettent et s'accroissent sans fin d'une année sur l'autre.

Il est une autre sorte d'aliénation qui, diffamée dans l'opinion banale, s'est voilée sous un titre différent, et se retrouve dans la méthode des cautionnemens; ce n'est en effet que le retour de la vénalité des charges et offices, sauf la réserve du droit de nomination et de la faculté du remboursement. L'obligation d'une mise dehors, tend en général à y appeler une classe d'hommes plus distingués, et l'allégement ainsi apporté aux impôts, permet d'en augmenter les traitemens : or, ces deux points sont essentiels pour revêtir les agens de l'Etat de cette autorité morale qui procure tant d'épargnes dans l'emploi fâcheux de la force. Il ne faut pas omettre en outre l'avantage d'attacher d'autant plus les titulaires au maintien de l'ordre actuel, par le dépôt d'une part de leur fortune dans les caisses royales.

Les membres de la judicature, les emplois civils de l'armée, les agens du système fiscal, tous les salariés de l'Etat, sauf dans l'Eglise et dans l'épée, présentent sous ce rapport des espérances presqu'illimitées.

La matière des anticipations offre aussi un caractère très-avantageux : il se trouve par un contraste étrange, que deux ou trois années sont chargées d'un fardeau pesant, et que ces mêmes années sont presqu'également réduites dans leurs ressources; d'une part le temps allège le poids, et de l'autre il accroît la puissance : c'est une double raison pour rejeter au compte de l'avenir la plus forte portion des dépenses nouvelles, et cette méthode, illicite dans un temps prospère, devient maintenant obligatoire.

Quel que soit leur mode, les anticipations constituent un emprunt. S'il n'est pas libre et volontaire, le Gouvernement doit se préparer à faire montre de force, et s'attendre à perdre dans les affections; l'arbitraire s'y entremet nécessairement; le respect dû aux capitaux fertiles est violé indubitablement. Il en dérive une stagnation ou une déviation passagère dans les emplois de fonds, dans la commande du travail; et par cela même que la reproduction est en souffrance, l'acquittement des impôts éprouve de plus grandes difficultés.

Telle est cependant la nature des circonstances, que ces inconvéniens ne sont pas comparables aux désastres d'une surcharge exagérée des taxes fiscales. On verra même qu'il est des moyens de les atténuer, et presque de les abolir, en fixant l'emprunt forcé sous certaines conditions, en l'imputant exclusivement au détriment du capital foncier.

Lorsque les anticipations s'opèrent sous la

forme d'emprunt libre, il se peut encore que la reproduction supporte quelqu'atteinte ; mais ces pertes sont aussitôt récupérées par le mouvement plus vif qui est imprimé à la circulation, et par la rénaissance du crédit privé que détermine la confiance donnée au trésor. Il ne s'agit alors que d'apprécier les effets de l'escompte qui doit être payé pour les avances de fonds.

Cet escompte, dont le calcul importe fort à peser, tant qu'il est question d'opter entre divers modes d'emprunt, n'est plus d'aucune considération, si l'on rentre au parallèle immédiat du systême d'emprunt et du systême d'impôt. On a vu que les profits actuels du capital actif se montoient à vingt pour cent par an; et l'on entend facilement qu'ils viennent s'adjoindre, sous forme d'épargnes, au capital dont ils émanent, qu'ils se consolident avec lui de sorte à remplir son office et à porter de nouveaux profits. Cette accumulation s'effectue à l'époque même de leur rentrée, sans perdre un jour de non valeurs; mais pour en calculer les progrès, il faut se fixer un terme, le bout de l'an, par exemple.

Ainsi le capital aujourd'hui abutté à dix milliards, sera dans un an porté à douze milliards environ ; le profit se réduisant alors à quinze pour cent, ce fonds de douze milliards s'accroîtra à près de quatorze milliards dans deux ans ; et en suivant une marche analogue, il sera peut-être doublé avant cinq ou six ans. C'est l'effet ordinaire des intérêts composés.

Or il a été dit que l'érection ou l'exagération des impôts dans le budget de 1816, ne pouvoit manquer d'absorber une part des profits de cette année même. Si cette absorption en devoit consommer la moitié, le capital ne seroit plus, à la fin de 1816, que de onze milliards ; et un bénéfice annuel de cent cinquante millions, à raison de quinze pour cent sur un milliard, s'anéantiroit à jamais pour la richesse nationale : l'an 1817 offriroit de même la consomption de cinq cents millions, qui emporteroit la perte permanente d'un bénéfice de soixante-quinze millions. D'année en année le revenu éventuel décroîtroit ainsi de plus en plus, au grand détriment de l'aisance qu'il répand en premier lieu, et de l'excédant de capital qu'il forme au terme final.

Dans cet état de choses, il seroit expédient d'ouvrir un emprunt à constitut, quand on ne devroit le remplir qu'à l'intérêt de dix pour cent. Mais la méthode des anticipations est préférable, attendu qu'elle équivaut à un système d'annuités à courts termes : si l'escompte s'élevoit à vingt pour cent la première année, la dépense resteroit semblable au bilan de la fortune publique; et cette dépense n'entraîneroit qu'une perte fixe, au lieu d'une perte progressive.

Il faut observer à cet égard que les anticipations de nature libre, d'une part s'effectuent à l'aide d'effets au porteur qui circulent de main en main, et emploient ainsi des capitaux autrement voués à la stagnation, et de l'autre sont prélevés d'ordinaire sur les fonds des capitalistes, sur des fonds en numéraire qui ne servoient qu'aux échanges, et qui sont remplacés par les valeurs négociables de l'Etat. Il sembleroit même qu'en grande partie les versemens faits au trésor s'opèrent au moyen de reviremens fictifs, ainsi que dans les banques de dépôt; de sorte que le solde en est acquitté sans détourner la monnoie de ses fonctions ordinaires : on ne sauroit comprendre autrement le mécanisme du système des finances en Angleterre.

Il faut dire maintenant que les anticipations peuvent avoir lieu de trois manières : soit par des négociations ou des émissions de billets; soit par le report d'une part du passif de l'année sur le budget suivant, soit par des avances au compte de la contribution foncière. La première ressource présente seule le caractère d'un emprunt libre, et à ce titre même on ne peut être certain ni de sa latitude, ni de sa durée : il conviendroit de la cumuler avec les deux autres moyens, en sorte que son succès vînt à leur décharge, et que ses revers en laissassent le refuge.

La carrière des négociations est fermée depuis long-temps et ne doit pas s'ouvrir avant que l'ordre actuel des choses n'ait pris une certaine autorité par l'effet de sa stabilité. Les conditions trop onéreuses pour traiter dans ce moment, vont s'adoucir de jour en jour : on ne sait pas encore combien le temps marche vîte lorsqu'enfin l'opinion suspendue et divisée, se précipite dans le même sens.

L'Etat sera à même d'offrir de hautes sécurités. L'aspect des économies viendra s'unir au progrès naturel de la richesse nationale; le prix des aliénations, la régie de quelques impôts, la remise des bons du trésor, le droit d'inscription au grand livre, présentent des gages propres à appeler des capitaux; et la forme des effets au porteur, le taux de l'intérêt et l'attrait des primes, facilitent les sous-négociations, et pompent jusqu'aux parcelles oisives de fonds. Il est probable qu'avant six mois un plan avantageux peut se fonder sur de telles bases.

On a parlé des billets des monnoies qui prirent cours sous Desmarets au moment du plus grand discrédit. Les circonstances se prêtent fort à l'emploi de ce moyen; il est pressant de délivrer la circulation des pièces empreintes à l'effigie de l'usurpateur : rien ne semble plus aisé que de les frapper de discrédit; car la disposition des esprits est assez ouverte à cet égard, et il est déjà plusieurs provinces où leur cours est resté obstrué; on peut aussi ne les admettre que pour portion dans les recettes publiques. Les billets seroient payables au porteur aux termes de deux ou trois mois avec intérêt ou à bureau ouvert, avec une prime échéante au terme seul : on ne regarderoit pas à ménager le taux de l'intérêt; on y attacheroit peut-être un nombre de lots à répartir par le sort.

En général l'expérience prouve quelle est la magie d'un effet au porteur, portant un haut intérêt et des chances tentantes. L'Angleterre a ainsi en circulation un milliard de billets de l'échiquier; on a vu courir après les billets de la caisse d'escompte, et les bons de la caisse d'amortissement se soutenoient presqu'au pair. C'est le propre de l'effet au porteur que de jeter un appât à la paresse et de prêter un voile aux craintes; on l'accepte à l'instant, parce qu'à l'instant on peut s'en défaire : il fut diverses époques où les billets de banque ne dûrent leur crédit qu'à ces aides factices.

Les obligations du trésor étant consolidées ou retirées au moyen des billets, laisseroient du vide au jeu, et lui rendroient des capitaux; il en sortiroit aussi de la rente et probablement des caisses fermées jusqu'à présent. En admettant les billets pour portion dans les recettes publiques, ils pourroient même se faire jour au sein des provinces, où les capitaux sont souvent soumis à une stagnation forcée.

Les bons du trésor public ou de la caisse d'amortissement participeroient aux mêmes priviléges. Ils ont par-devers eux l'habitude d'un certain cours, et le titre se consacre par le temps, jusqu'à ce qu'il n'ait été violé. Le grand art, sous ce rapport, se réduit à en faire d'abord le versement en des mains qui ont intérêt à les soutenir, et ne sont pas pressées par le besoin de réaliser.

Enfin les effets des Receveurs généraux, sous leurs signatures personnelles, joueroient dans tout le royaume sans trop de peine et peut-être avec autant de succès : on sent que le titre se précise ici et se particularise. S'ils ne s'acquittoient pas par la voie du renouvellement, les recettes y resteroient affectées.

Il ne faut, pour réussir dans les affaires, que d'y aller pas à pas et du temps comme du temps, d'abord à très-courtes échéances, et toujours avec des ressources subsidiaires. Il n'y a de foi dans ce monde qu'au paiement : tant qu'un négociant paie, la pratique ne lui manque pas ; tel inspire la crainte à un an de terme, et la confiance à deux ou trois mois. Qui à terme ne doit, et qui paie au terme, fait foi.

Rien ne peut s'opposer au succès de ces mesures, tant que le Gouvernement suit une marche fixe et ferme, tant que l'harmonie règne entre les pouvoirs. Le crédit n'a contre lui que d'être dans le cas de s'asseoir à nouveau ; c'est l'émoi passé et non le risque futur qui se jette à la traverse : on oublie que l'aurore du bien se lève au déclin du mal. La machine alloit par le fait seul du mouvement acquis, bien que la cause d'impulsion fût déjà anéantie : elle va moins bien maintenant parce que le principe nouveau n'a pu encore l'imprégner de sa force vitale : mais le temps est à l'œuvre; il ne s'agit que de hâter son allure.

On comprendra facilement que le report d'une portion du passif de l'année, sur l'année suivante, présente le revers de la médaille : c'est absolument la même opération, sauf qu'elle n'est plus libre; c'est une ressource auxiliaire dont l'alliance, au moins en conception, apporte plus d'aisance et de garantie à l'exécution du premier plan.

Les fournisseurs sont habitués à ces reports; et, soit qu'ils conçoivent des inquiétudes, soit qu'ils abusent des circonstances, leurs traités, quoi qu'on fasse, seront toujours réglés, sous une prime analogue. Le trésor ne doit point élever des prétentions prématurées, ni s'épouvanter d'une injustice imaginaire : ce n'est pas assez de dire : Je suis moi, et j'ai de l'honneur; ce n'est pas même assez de le persuader aux hommes de sens : la balance de l'opinion pécuniaire est tenue par des gens avides ou ignares; ils font masse de leurs écus, et sur le marché, ce sont les écus, et non pas l'esprit ni le cœur qui parlent.

Le seul risque de ces erremens consiste à retarder d'un ou deux ans l'époque où doit poindre l'aurore de la foi : mais on n'évite cet écueil qu'en se précipitant dans un autre plus fatal encore; la besogne entreprise à contre-temps, est trahie dans ses fins; et en entravant les progrès de la richesse nationale, par l'exagération des impôts, l'Etat travaille à éloigner, à amoindrir ses rentrées futures, à miner les bases indispensables du crédit.

Il est en outre certaines sortes de dépenses fixes dont le report n'expose point à ces dangers, et n'est susceptible que de gêner quelques individus. Ici le trésor fait la loi; il est seulement tenu à ne pas dépasser les conseils de la nécessité. On parle ainsi à l'égard des traitemens, pensions, et rentes: rien n'est plus juste que de faire subvenir les titulaires aux charges de l'Etat, en ménageant toutefois ceux qui sont privés de toute ressource. Il semble que sous cette limitation, il seroit licite et possible de rejeter sur 1817 la moitié des dépenses de 1815, et de suite sur 1818, le tiers des dépenses de 1816 et 1817: il y auroit ainsi dans ces deux années une remise de plus de cent millions, imputable à la charge de 1818 et 1819.

Ce n'est pas ici le lieu de démontrer la convenance d'une surcharge au compte de la contribution foncière. Il n'en sera question qu'après avoir établi le parallèle des impôts:

on répétera seulement qu'il existe un grand avantage à faire coïncider des moyens de diverses natures ; si l'un éprouve des entraves, l'autre accourt à son aide, et le fardeau devient moins sensible en se répartissant sur plusieurs points.

Cette sorte d'avance constituera à la première émission des billets, une base solide et manifeste qu'il sera facile de retirer à soi, après que leur crédit sera consolidé. Il ne paroît pas nécessaire d'en exiger une forte partie en espèces : des valeurs revêtues d'un tel titre, inspirent une sécurité presque égale à celle du numéraire ; et pour en remplir l'office dans la circulation, ce sera assez peut-être que le Receveur général les endosse ou émette ses propres effets sur leur dépôt spécial. La garantie s'augmente en raison du nombre des intermédiaires ; la foi portée par l'un, entraîne la foi de l'autre ; en passant ainsi sous des formes de plus en plus courantes, le fragment détaché de l'immeuble s'allège successivement et se mobilise enfin tout à fait.

DE LA MATIÈRE IMPOSABLE.

On fonde communément la préférence en faveur de tel ou tel impôt, d'après l'égalité de la répartition et l'économie de la perception; et en effet toutes choses étant semblables d'ailleurs, il est clair que ces deux points doivent la déterminer. Mais indépendamment des considérations capitales qui caractérisent les divers impôts, il faut dire que le plus souvent cette égalité tant vantée n'existe que sous le rapport des chiffres, et aboutit à une injustice réelle, à des pertes sèches pour l'Etat. Il faut dire que cette économie très-importante sans doute, n'est point destinée cependant à servir de contrôle absolu, à balancer des inconvéniens d'un ordre plus élevé.

La pierre de touche des impôts en thèse générale, réside dans leur influence sur la population et la production, de sorte que toutes les autres conditions restent relatives et secondaires. Ce sont ces deux élémens qui constituent la force ainsi que la richesse de l'Etat; et c'est anéantir les moissons qui se préparoient pour l'impôt futur, que d'arrêter le développement du germe par l'impôt actuel. Ces réflexions acquièrent une autorité d'autant plus éminente lorsque le travail long-temps dérouté dans ses voies, s'efforce non sans peine à s'en ouvrir de nouvelles, lorsque les capitaux réduits dans leurs masses sont appelés à fournir des profits immenses et des épargnes analogues.

On confond ici le travail et les capitaux : on réunit les intérêts de la population et de la production, bien qu'une inadvertance presque générale omette les premiers dans ses calculs. Les fonds sont tout à fait stériles sans l'action des bras, au lieu que les bras produisent à l'aide du moindre fonds; si le travail ne crée pas la matière, du moins il en crée la valeur : le travail représente comme une sorte de capital intelligent, dont l'alliage avec les capitaux inertes, leur imprime seul un titre efficace et appréciable.

Il est manifeste que l'ouvrier est subrogé de droit aux prérogatives du travail qui émane de sa personne. Or on peut dire que l'ouvrier en France est réduit au strict nécessaire; tout impôt qui l'atteint frappe sur ses besoins absolus; et l'altération de ses forces se trouve au même degré, soit qu'il se soumette à la privation, soit qu'il essaie de la surmonter par un excès de labeur.

Ainsi sa personne et sa famille tombent dans cet état de malaise et de souffrance qui donne naissance à tant de maladies épidémiques, et cause en dernière analyse, un vide sensible dans la population : ainsi il s'opère et par la foiblesse de l'individu et par la réduction du nombre, une déperdition du capital intelligent, du capital de travail qui devoit s'exercer sur les capitaux matériels, pour accomplir l'œuvre de la production.

Il dérive de là une maxime capitale. En point de droit autant qu'en point de fait, d'après les règles de la morale ainsi que de la politique, les nécessités de l'existence n'entrent point dans la mise du fonds social et ne ressortent point des lois fiscales. L'homme est investi à l'instant même de sa naissance et comme par un titre originel, du droit de vivre; et ce droit essentiel, inhérent, indélébile le suit à travers toutes les combinaisons civiles. Lorsque l'Etat s'oublie jusqu'à violer la plus sacrée des prescriptions, il en porte aussitôt la peine, attendu que sa force et sa richesse en dépendent immédiatement.

On doit le crier mille et mille fois sur les toits de la France, dès-lors que les murs de Paris n'ont pas d'oreilles. La matière imposable n'existe que dans la rente, dans le revenu libre, qui s'établit sous la déduction des frais consommés pour la production de la denrée et des dépenses obligées pour la reproduction du travail : s'il se rencontre des risques à attaquer le revenu, ils ne privent la société que d'un excédant d'épargne et d'un accroît éventuel de capital, tandis qu'en franchissant cette limite, l'impôt détermine une perte effective et progressive dans la fortune publique.

Ces principes sont tellement admis, au moins tacitement, que pour les enfreindre sans scrupule, le fisc se croit tenu de mettre en avant le système du retour de l'équilibre, au moyen du surhaussement des prix. Mais quand même les prix du travail et de la denrée devroient s'élever en proportion de la charge, pour récupérer le contribuable, il est impossible que cette balance s'établisse sur l'instant même; et pour qui vit au jour le jour, le moindre délai consomme une perte irréparable. En tout cas on ne voit pas à quel titre le plus misérable seroit chargé ainsi du coût des avances; on ne voit pas pour quel motif elles ne seroient pas perçues tout d'abord sur ceux qui doivent les rembourser.

Au reste le retour de l'équilibre ne s'accomplit qu'en idée, ou du moins après un long terme, et seulement dans certains pays. Nulle force active et immédiate n'est déférée à la justice, et les poids de l'intérêt comptent seuls dans la balance. Au marché tel qu'il soit, les prix se fixent en raison combinée de l'offre et de la demande : on y voit d'une part le travail inquiet et impatient de se vendre, pour entretenir le cours vacillant de la vie, pour renouveler des forces capables de suffire aux besoins du lendemain; il se présente comme sous la forme de mendiant à qui toute aumône est sortable, dès-lors qu'elle lui donne l'espoir d'attendre une aumône nouvelle. Et d'autre part, la commande n'est mue que par des suggestions à la fois moins urgentes et moins importantes; elle se retire plutôt que de s'avancer; elle se retire à mesure qu'elle est sollicitée; et souvent ses auteurs se coalisent au détriment de l'ouvrier inhabile et isolé.

Lorsque le niveau déjà si fragile des besoins et des moyens se trouve ébranlé par un impôt imprévu, on conçoit que l'ouvrier tient d'autant plus à le préserver d'une autre sorte d'atteinte; le travail s'offre dans une plus grande concurrence, avec un plus grand empressement, de sorte que la cause même qui lui donnoit des droits à obtenir un prix plus élevé, ne réussit en effet qu'à l'avilir de plus en plus. L'équilibre doit se rétablir cependant, et il se rétablira, mais seulement après que ces fausses mesures auront réduit sur le marché, l'ancienne quantité de travail, en épuisant ou dévorant un grand nombre de ses agens.

Personne ne peut donc se dissimuler que les travailleurs sont affectés par la taxation des matières de première nécessité. C'est vainement que cette classe d'impôts est rangée sous la rubrique générale d'impôts de consommation : il falloit d'abord distinguer la consommation improductive et finale, de la consommation réproductive et apparente : cette dernière ne constitue qu'une destination utile de la denrée, qui se soumet ainsi à l'action du travail, et acquiert par son aide un accroît de valeur réelle; la première au contraire entraîne l'anéantissement absolu de la matière par le fait de son usage, et seroit mieux désignée sous le nom de consomption. Autant l'un de ces actes s'offre et s'adapte à l'exercice de l'impôt, autant sa charge est récusée par l'autre. Ainsi les cafés appellent la taxation jusqu'au point même où son taux en réduiroit le profit ; et les sels s'y refusent tout à fait, par cela seul que leur emploi sert à la production des denrées et à la reproduction du travail.

Il est une autre branche des subsides, qui voilée sous un titre simulé, rentre absolument au même résultat. On veut parler de cette portion de l'impôt foncier, dont l'assiette est fixée sur les terres manœuvrées à force de bras ou avec une charrue d'emprunt, par le petit propriétaire : rien ne présente ici le caractère d'une rente précise, d'un revenu libre ; il ne s'opère point d'éligement au-delà du coût d'entretien de l'ensouchement : le produit brut est appliqué sans réserve au maintien de la somme de travail nécessaire à l'exploitation, tellement que c'est assez d'une récolte médiocre pour en réduire la capacité ordinaire. Il s'ensuit que l'impôt se prélève au détriment de la subsistance même ou de l'ensouchement, et produit ainsi l'effet d'une contribution indirecte sur des matières de premier besoin.

Il n'est point d'analogie entre cette part de la contribution foncière, et la part qui porte sur le revenu des propriétaires : nulle proportion ne sauroit même s'établir de l'une à l'autre, puisque l'élément du revenu ne leur est pas commun. Et s'il en pouvoit exister, elle se trouveroit abolie à tout instant, soit par l'inclémence des temps, qui atténue le produit indispensable pour l'existence ; soit par la surcharge des frais, qui aggrave toujours la cote imposée au misérable. A cet égard, ainsi que sous bien des points de vue différens, la justice tarifée consomme une iniquité morale ; et un arbitraire permanent est consacré sous les formes légales.

Il est vrai de dire que la ligne de démarcation seroit fort délicate à tracer dans cette matière ; mais une certaine latitude y paroît d'autant plus licite, que près de la limite où l'impôt frappe sur les moyens de subsistance, s'élève celle où il compromet le maintien de l'ensouchement, et ensuite celle où il empêche son accroît naturel. Or, de tout le capital national, c'est l'ensouchement qui porte le profit le plus considérable, qui tend davantage à accroître le fonds de la richesse publique, et à exciter le mouvement du mécanisme social.

Ce n'est point un hors-d'œuvre que d'entrer ici dans le parallèle de l'importance des divers capitaux; car la conclusion doit venir à l'appui d'un principe qui est trop méprisé dans la pratique, pour ne pas sembler paradoxal.

La société ne subsiste pas aux dépens de ses capitaux, ou si cela arrive, elle ne subsiste pas long-temps, puisque les profits sont toujours proportionnels à la masse des capitaux : c'est de ces profits qui forment le produit total de l'Etat, dont elle doit extraire ses moyens d'existence; et cet élément est donc le seul à considérer relativement à la richesse publique.

Qu'on suppose un capital de cent mille francs, qui donne un profit de vingt pour cent, vis-à-vis un capital égal dont le profit se monte à quatre-vingts pour cent : si la société sacrifie la moitié du premier capital, son déficit annuel ne sera que de dix mille francs, tandis qu'en sacrifiant le quart du second, il seroit de vingt mille francs : d'une part c'est une perte double en capitaux, qui est nominale; et de l'autre c'est une perte double en produits, qui est réelle.

Il suffit d'établir que les capitaux ne seront pas consommés en nature, pour se décider entre ces chances : les deux capitaux réunis fournissoient cent mille francs de profits annuels ; en soustrayant la moitié du premier, il restera quatre-vingt-dix mille francs de profit ; en soustrayant le quart du second, il n'en resteroit que quatre-vingt mille francs.

Or, on a vu que le capital rural de 3,600 millions créoit un produit annuel d'environ 3 milliards, ou de quatre-vingts pour cent : le capital industriel au contraire ne crée point à proprement parler ; il améliore seulement les matières par l'effet de la main-d'œuvre ; et cet accroît de valeur, qui constitue son produit réel, se tient dans une proportion très-inférieure. D'un autre côté, le capital foncier réduit à être exploité à l'aide du capital rural, ne jette, en dernière analyse qu'une même somme de valeurs qui ne représente pas dix pour cent de son montant ; et les capitaux usuels et rentiers ne rapportent rien à l'Etat que dans certaines occasions assez rares.

Ce phénomène inhérent au capital rural, provient de ce qu'une masse énorme de travail est nécessairement afférente à son usage, et entre d'autant pour sa part dans la façon des produits. On conçoit que c'est un nouveau motif pour respecter ce capital qui fournit tant de matière au travail, et nourrit ainsi les sources de la population.

Il arrive de là que la destruction d'une charrue cause à la reproduction, un préjudice annuel et progressif du double ou du triple de sa valeur réelle; il arrive que la soustraction du fumier de quelques vaches, ravit à un homme son emploi ordinaire de l'année, et en outre anéantit le montant de sa subsistance pendant le même temps.

Dans le capital industriel, une perte de valeur égale n'emporte que le quart ou le tiers de l'emploi annuel d'un ouvrier, sans altérer nullement la quantité ni le prix des objets propres à sa nourriture. Et de plus il faut observer que l'artisan rentre plus aisément aux fonctions du laboureur, que celui-ci ne s'élève aux siennes.

Ces considérations qui rallient encore les intérêts inséparables du travail et des capitaux, paroissent militer fortement en faveur des petits propriétaires cultivateurs. Mais elles ne nécessitent point dans ce moment la fixation précise d'une ligne de démarcation: la pensée se dirige vers le mieux, et l'espérance se borne au moindre mal; quoique l'état des choses invoquât un remède curatif, tel est l'état des esprits, qu'on ose seulement réclamer des palliatifs; et cette discussion n'est entamée qu'à l'effet de s'opposer à l'aggravation des charges existantes, sous le rapport de la taxe des sels et des petites cotes de l'impôt foncier.

Cependant si les dépenses de nécessité ne doivent jamais être atteintes par le coup de l'impôt, on doit dire que les dépenses de luxe ne lui présentent pas une ressource importante. Le luxe est, par le sens même de ce mot, restreint à un petit nombre d'individus : l'immense Russie ne contient peut-être pas mille personnes comprises dans cette catégorie; et quelle que soit l'extension de leur fortune, c'est à peine si elle compte dans la masse des moyens disséminés parmi le reste de la nation.

La matière imposable se resserre donc sous la sphère des dépenses d'aisance. Dans les Etats prospères, cette sphère s'étend tellement que celle du luxe s'y perd et s'y confond; un objet qui est de luxe en Russie et même en France, n'est plus que d'aisance en Angleterre. C'est à un tel état de choses que ce pays doit la prérogative magique de supporter la somme énorme de ses contributions; et sauf le danger des chances politiques, le fardeau ne s'y augmentera jamais que nominalement, tant que leur mode et leur taux se garderont bien d'entraver la marche naturellement progressive de la richesse publique.

Or, la révolution n'a opéré d'autre effet en France, que de former de grandes fortunes sur la ruine des anciennes, que de transporter le siége du luxe d'un homme à un autre homme. Il s'est trouvé seulement que certaines mesures illicites ont enrichi une petite partie des campagnes; mais c'étoit par une voie trop soudaine pour que l'industrie en ait tiré le parti convenable; et d'ailleurs les dépenses de leurs habitans s'effectuent ordinairement de manière à s'esquiver aux recherches de l'impôt. Du reste, la classe mitoyenne est demeurée au même état de médiocrité qu'avant nos désastres.

Il ne faut pas compter sur les fonds habituels d'épargne; soit que la cause en provienne de l'état général de médiocrité ou du caractère originaire de la nation, il est fort peu d'individus qui suivent ce systême en France; et comme rien ne les désigne aux yeux de la loi, on s'exposeroit, en prétendant les atteindre, à frapper sur une immense majorité, dont les erremens sont tous différens.

Ainsi le revenu particulier est fort éloigné, dans ce moment, d'offrir un excédant applicable aux charges nouvelles; il est plutôt en déficit sur l'état annuel des dépenses, et les anticipations sont très-communes. Sans parler des chances privées, dont la moins fâcheuse dérange la plus ferme balance, les circonstances de toute espèce, advenues depuis trois ans, ont forcé encore la prépondérance du bassin fatal; l'équilibre si vacillant s'est trouvé tout à fait renversé, et ne sauroit se rétablir que par la lente réaction de la nécessité contre l'ascendant des habitudes.

Mais en mettant même hors de ligne l'influence des circonstances, il faut dire que le revenu est toujours impropre à supporter le poids d'une charge soudaine et accidentelle, car son emploi n'est point appris à se modifier sur l'instant, d'après la commande des lois : s'il en devoit être autrement, la réduction des dépenses priveroit du prix de leur travail certains artisans de luxe, qui, d'une part, ne sont pas en état de prendre un nouveau métier, et qui, de l'autre, sont dans l'usage de consommer des objets de nécessité; et en dernière analyse, ce seroit déterminer un vide subit dans la consommation, au détriment des producteurs ruraux et industriels qui s'exerçoient sur la foi de l'établissement antérieur.

Les intentions de la loi sont souvent déçues en matière d'impôt. Elle prétend vainement imputer telle charge au compte du revenu ; ses prescriptions sont sans force pour altérer le bilan de chaque individu : dès-lors qu'il ne veut pas ou ne peut pas y obtempérer, le prélèvement s'opère sur le capital, par la voie des emprunts ou des ventes : et cet effet est d'autant plus certain, lorsque le revenu déjà atténué de longue main, se trouve atteint par une taxe imprévue qui ne laisse pas le temps de prendre ses mesures, ou par une taxe temporaire qui n'en fait pas sentir l'obligation.

On doit excepter de cette observation quelques contributions indirectes qui se bornent à réduire, à resserrer sur elle-même une sorte spéciale de dépenses. Les droits sur les denrées coloniales et les tabacs portent ce caractère décisif : c'est alors la même somme à peu près qui s'applique à tel ou tel emploi, et la quantité de l'achat se modère en juste proportion de l'élévation des prix. Le seul inconvénient consiste en ce que la production est arrêtée par l'effet de l'épargne; le seul embarras pour asseoir la préférence, est de décider quelle est la production qu'il importe le moins d'entraver. Or, la question est facile à trancher entre les matières indigènes et les denrées de fabriques exotiques.

Il convient d'en distraire aussi les taxes qui, tout en obstruant l'écoulement des produits intérieurs, doivent abolir ou diminuer une sorte de dépense, dont les suites entraînoient la consomption d'une part de travail, supérieure à celle qui créoit ces produits. Il s'agit surtout du droit imposé sur les cabarets : leur établissement absorbe en pure perte l'emploi de quatre cent mille personnes, du trentième de la population active, et dévore un dixième peut-être des journées affectées au travail. Le surhaussement du droit parviendroit à réduire de moitié le nombre de ces maisons; il rendroit au travail la moitié du temps qui lui est enlevé.

Sauf ces deux exceptions, le Gouvernement est appelé à se persuader qu'en dépit de ses efforts et de ses espérances, tout subside accidentel déterminera l'anéantissement d'une part du capital national : dès-lors il se retiendra d'autant dans l'érection des impôts nou-

veaux,

veaux, et dans le cas de nécessité absolue, tous ses plans tendront à éviter que la brèche s'opère sur le capital rural et industriel.

Il est telles contributions qui ne sont pas exemptes de ce fâcheux résultat, bien que la catégorie abstraite où elles sont comprises, les ait tenues jusqu'à présent à l'abri de la critique. L'impôt mobilier, en tant qu'il tombe sur les artisans ou marchands, et les patentes en presque totalité, se présentent sous ce rapport, surtout lorsqu'il y a lieu à leur doublement, et lorsque les bénéfices ont baissé dans la proportion inverse. Tel homme gagnoit 600 francs, et n'en gagne plus que 300; il payoit 40 francs et il en paiera 80; son revenu libre, au lieu d'être de 560 francs, n'est donc plus que de 220 francs. Les besoins de la vie ne peuvent cependant se réduire des trois cinquièmes; ce sera sur son fonds actif que s'effectuera le prélèvement de la taxe, et comme il y aura concurrence, la vente s'en fera avec perte.

Ainsi le capital est sensiblement entamé; ainsi la production est sollicitée moins fortement; ainsi des bras utiles sont arrachés à leur emploi, sans en rencontrer un autre : et le prix des denrées ou marchandises s'élève exorbitament, au moment où la consommation se ranime, attendu que s'étant trouvé avili dans les premiers temps, par l'effet des ventes forcées, rien n'a invité à l'usage des épargnes. Ces vives transitions dans les prix causent la ruine des nations : le bas prix des blés dans les années abondantes, en occasionnant leurs dilapidations, détermine ces famines qui dévorent et les moyens et les agens du travail.

Avant que d'asseoir ou d'augmenter l'impôt, il importe donc de reconnoître de quelle source découle le revenu sur lequel il est imputé; car dans ces momens, tout donne lieu de croire qu'il sera acquitté aux dépens de cette source ou du capital. Il arrive heureusement en France que les trois quarts du revenu émanent, en dernière analyse, du capital foncier : la puissance vitale de l'Etat tient à cet ordre de choses, et telle en est l'énergie, que les pertes sont bientôt récupérées, que les obstacles sont bientôt renversés. Il n'est que deux voies pour miner ou détruire la force et la richesse nationales : massacrer les habitans et incendier le pays, voilà la première; imposer des subsides qui nuisent à la population et à la production, voilà la seconde.

Il est possible sans doute que les impôts assis sur le capital foncier, soient imputés en partie au compte du revenu, et parfois au détriment des réparations de l'immeuble :

dans l'un de ces cas, l'effet est tout à fait le même que si un revenu différent avoit été atteint; dans l'autre, il n'y a déperdition que d'une valeur immobiliaire dont l'importance est bien inférieure. Il est au reste quelques sortes d'impôts qui parent également à ces deux risques, et la marche actuelle des choses garantit au moins de la première chance.

Lorsque le prélèvement s'effectue sur le capital foncier même, il en résulte tôt ou tard un échange de propriétés par les voies de l'aliénation, et en outre une dépréciation générale dans la valeur vénale des fonds de terre. Mais la part du capital qui est aliénée ne s'anéantit point par cet acte, et n'est nullement altérée dans ses fonctions ordinaires : ce transport de titres s'opère par l'intermède du numéraire, sans entraver le mouvement des capitaux réels; il occasionne seulement un arrêt passager dans la circulation des espèces qui sont bientôt restituées à leur emploi.

D'un autre côté, la dépréciation de la valeur vénale, reste sans influence sur la quotité du profit annuel que doit porter le fonds : elle est absolument nominale pour l'individu, quant à la masse de ses propriétés qui ne passent pas en vente, et n'est que peu sensible sur la foible portion qui y est soumise : dans son rapport avec l'Etat, elle n'agit que sur le montant des droits de mutations.

Une expérience irrésistible porte la leçon la plus manifeste. Le règne des assignats et le régime des spoliations ont déterminé l'aliénation d'un quart peut-être du capital foncier, et en ont avili le prix vénal, presque de moitié, même pour les propriétés légitimes : bien qu'un état de choses tellement hors de la nature, ait duré plusieurs années, c'est au plus s'il a fallu un égal espace de temps, pour rétablir l'ancien équilibre dans les prix, pour relever la richesse nationale à son taux habituel. Or, les mesures actuelles n'emporteroient jamais la dixième partie de ces effets, tandis que l'ordre stable et paternel des choses garantit des chances plus certaines de restauration.

On pourroit appliquer également ces réflexions au capital rentier, sauf le léger inconvénient d'augmenter passagèrement le cours de l'intérêt : le capital usuel devroit être admis aussi dans la même catégorie, s'il existoit des moyens assurés pour l'atteindre, à part du capital rural et industriel qui se trouve confondu avec lui. Le caractère propre de ces sortes de capitaux, ainsi que du capital foncier, est de participer passivement à l'œuvre de la production et de ne se transformer en valeurs actives qu'au moyen de leur échange.

DES TAXES SUR LE CAPITAL FONCIER.

Les considérations qu'on vient de développer, permettent d'avancer que le capital foncier se prête de préférence à tout autre fonds, à l'imputation des charges imprévues et temporaires : et son appropriation à cet égard ne reconnoîtroit ce semble, aucunes réserves, aucunes bornes, s'il n'étoit à craindre parfois que le contre-coup portât sur les capitaux actifs et sur les produits annuels. Il convient d'exposer ici les deux limitations qu'on doit respecter sous ce point de vue.

La première se rapporte aux petits cultivateurs dont les profits, consommés par l'entretien de l'ensouchement et des forces productives, ne donnent point ouverture à la création de la rente, du revenu libre : toute charge nouvelle qui leur seroit imposée, s'acquitteroit au détriment de l'un de ces emplois, avant qu'ils se décidassent à une aliénation ruineuse; et cette aliénation, si elle s'opéroit, nuiroit à la population par la réduction des produits bruts.

La seconde limitation, plus délicate encore, est fixée dans l'intérêt des fermiers, dont la fortune entière est fondue sous la forme du capital rural. On conçoit que le propriétaire gêné par l'impôt, et répugnant à la vente, est tenté d'abord de forcer le paiement des termes arriérés; et lorsqu'il s'effectue à contre-temps, c'est souvent une perte de vingt à vingt-cinq pour cent sur les profits annuels, d'où résulte la diminution du fonds d'ensouchement. Comme la justice n'a pas le droit d'intervenir dans le débat, il importe que la loi de l'impôt soit combinée de manière à ne pas stimuler les propriétaires vers une marche aussi nuisible à leurs intérêts qu'à la chose publique. Cette fin sera obtenue autant qu'il est possible, au moyen des termes de paiement et de l'assiette des cotes.

L'importance même de ces limitations appelle d'abord l'attention sur une sorte de contribution qui ne menace jamais de les enfreindre. Il s'agit des droits de mutations, soit lors des aliénations et des obligations, soit après les successions et donations : c'est la matière totale de l'enregistrement et du timbre, en extrayant la portion de celui-ci qui frappe les transactions commerciales dont la nature est toute différente.

La faveur méritée par ces impôts dérive de ce qu'ils détachent les contribuables du sein de la masse nationale ; de ce qu'ils ne désignent à l'avance aucune personne pour y être soumise; de ce qu'ils ne les atteignent qu'à mesure et en raison des rentrées accidentelles. Or ces trois points sont éminemment précieux pour atténuer la résistance de l'opinion à l'exercice de l'impôt, pour abolir tous les obstacles à l'érection du crédit moral du Souverain.

On doit concevoir que la taxe assise sur les mutations à titre gratuit, n'inflige pas une charge réelle au contribuable, ou du moins n'altère point son bilan annuel, et n'entame jamais son capital ancien ni nouveau. Les habitudes sont fixées depuis longtemps, il n'en résulte qu'un retard dans les variations qu'elles doivent subir. Le prélèvement de l'impôt s'impute au compte du revenu libre ; en donnant des termes pour son acquit, les fermiers sont à l'abri des contraintes malencontreuses ; les fournisseurs du décédé ne supportent qu'un dérangement prévu d'avance, et ceux de son successeur n'éprouvent point les saccades causées par la réduction des dépenses.

De plus, la matière imposable ne sauroit

s'esquiver à l'action de la loi : son advenue éventuelle quant à l'individu, fournit par moyen terme, une quantité constante à l'égard du droit fiscal. Enfin ce subside exempt de frais de perception et des frais plus coûteux d'exécution, ne requiert pour éviter les risques de fraude, que d'être levé par des agens convenables.

Ce dernier point de vue commande la plus grande sévérité de la part du Gouvernement. Les fausses déclarations sont tellement passées en usage, que les honnêtes gens mêmes ne craignent plus de trahir ainsi la conscience et la patrie; ils reviendroient de cette habitude erronée, s'ils étoient tenus de les faire sous serment et devant un tribunal. Et pour que la négligence ou la complicité n'assure pas aux faussaires le secours de tous les agens du fisc, il suffiroit de les changer de résidence, de les surveiller de près, de les punir et les intéresser fortement.

On ne parlera pas de faire subir l'augmentation du droit aux mutations accomplies, de peur d'inquiéter un grand nombre d'individus, et de déranger l'équilibre de leur bilan. Mais assurément le Ministère est autorisé par les lois de l'équité, ou plutôt il est obligé par ses devoirs envers la nation déjà surchargée, d'ordonner la vérification des paiemens faits depuis quelques années : la loi existoit dès-lors et la prescription ne doit jamais s'appliquer avant le terme fatal où le délit est impossible à prouver.

Les épreuves parlent mieux que les raisons, et elles s'appliquent également aux mutations à titre gratuit et à titre vénal. Avant la révolution, presque tous les biens étoient frappés tour à tour des droits de rachats et de lots et ventes : on n'a pas assez admiré comment le caractère jadis si généreux de la race française, déterminoit les seigneurs à la réduction libre de ces droits; mais malgré cette facilité, le taux des rachats étoit d'environ la moitié du revenu annuel, celui des lots et ventes restoit à six, huit et dix pour cent du prix vénal; et personne n'avoit conçu l'idée que cet état de choses fût grandement nuisible à la richesse nationale.

On entre ainsi dans la question des droits relatifs aux aliénations. Il est apparemment inévitable à tous les hommes, et même aux hommes d'Etat, de se fabriquer au hasard quelques maximes généralisées, quelques règles anticipées, à seule fin de les adapter constamment à tort ou à raison, en épargne d'autant sur la peine et le temps requis pour l'exercice du jugement. Ainsi on a vu s'établir, en matière d'impôts, l'axiôme que deux et deux ne font pas quatre; et cependant il n'est applicable, même dans les taxes indirectes, qu'autant que leur taux double ou triple le prix vénal, car la somme à payer compte seule dans la bourse du consommateur.

Cet axiôme prétendu est du moins tout à fait illusoire à l'égard des ventes d'immeubles. Quand le droit seroit de huit au lieu de quatre pour cent, la différence d'un vingt-cinquième n'arrêteroit point les projets d'aliénation, à moins que la loi ne fût temporaire : les ventes libres sont déterminées par des motifs plus prépondérans, par le désir de changer de résidence, ou de placer ses fonds d'une autre manière. D'ailleurs le montant du droit se distrait tacitement de la somme qui doit être accordée, et le fisc ne vient pas le saisir après coup dans la caisse du vendeur : il arrive de là que son taux ne tombe pas sous le calcul, surtout quand des circonstances étrangères causent déjà une forte et vague perturbation dans le prix vénal.

Mais les aliénations sont presque toutes

obligées, lors même qu'elles s'opèrent sous une forme libre. Dans ces momens il s'en prépare énormément, car depuis trois ans de stagnation totale dans les affaires, les dettes se sont accumulées, et les créanciers se lassent d'accorder des répis. Il paroît probable en outre que certaines sortes de traités, qui participent des deux natures, vont se multiplier considérablement.

En admettant même que les aliénations libres fussent égales aux ventes forcées, c'est au plus si la moitié en seroit arrêtée par la hausse du droit : les trois quarts des aliénations totales lui resteroient ainsi soumises; et s'il étoit doublé, le bénéfice de l'Etat se monteroit encore à cinquante pour cent.

Du reste, tous les avantages reconnus dans les autres droits de mutation, sont encore plus manifestes ici. L'usage des fraudes devient impossible : la taxe ne peut se prélever sur un capital fertile, ni s'acquitter aux dépens du revenu annuel; il ne vient pas dans l'idée de se récupérer d'une perte subie par le capital, à l'aide des épargnes quotidiennes, et quel que soit le denier de la vente, le revenu du vendeur augmente par le plus haut intérêt des fonds. C'est de force absolue que le coup de l'impôt se soustrait du capital foncier ou de la somme qui en constitue le prix : il ne s'ensuit donc aucun anéantissement de valeurs actives et réelles, aucune déperdition dans le fonds productif. Le résultat de l'opération se borne purement et simplement à retenir un vingt-cinquième ou un quinzième du prix vénal des biens vendus.

Il semble d'abord que ce soit une injustice, car la charge n'est pas proportionnellement répartie ; et en point de droit naturel, un tel n'est pas plus appelé à s'y soumettre que tel autre. Mais on a déjà vu comment les impôts, également imputés, sont inégalement supportés ; on a vu comment une taxe assise sur celui-ci, va frapper celui-là par contrecoup : en matière de subsides, la justice et l'injustice absolues ne sont le plus souvent que nominales ; tout gît dans la comparaison ; et c'est seulement en balançant le poids des injustices relatives, qu'on peut saisir le terme moyen d'équité.

Or, sous le rapport des individus, il n'y a point de proportion entre la compromission de l'existence et la diminution d'un fonds ; et à l'égard de la chose publique, la différence est totale, de réduire un capital passif ou un capital actif. Il existe d'ailleurs une compensation dans ce fait comme dans mille autres analogues : tout individu profite directement ou indirectement de l'amélioration générale des choses ; lorsqu'un sacrifice est requis de lui dans la vue de favoriser cette œuvre, il se trouve récupéré presque toujours de la perte qu'il a subie.

On convient cependant que s'il étoit des voies certaines pour ne pas enfreindre les deux limitations ci-dessus exposées, il seroit préférable d'infliger une surcharge ou une avance sur la totalité du capital foncier : sa généralité la rendroit moins sensible, et l'égalité de droit n'est pas à négliger quand elle n'entraîne pas une inégalité de fait. Mais de telles craintes sont si puissantes, qu'elles ne doivent céder qu'à la nécessité : on ne rentre dans ce système subsidiaire, qu'au défaut de ressources suffisantes.

Du reste, les autres objections qui seroient opposées à la surtaxe de l'impôt foncier, ne semblent pas mériter de considération. Vainement la prétention s'élève de frapper également tous les moyens de fortune : s'il faut parler de l'Etat, ce seroit attaquer indifféremment un fonds amorti ou un fonds renaissant, un revenu consommé ou un revenu employé ; s'il est question des particuliers, ce seroit entamer ici le nécessaire, et là le superflu; ce seroit dessécher ici, la source d'où tout découle, et là, effleurer l'océan où tout s'engloutit.

Il n'est rien de plus réel dans l'obligation d'imposer proportionnellement les richesses mobiliaires et immobiliaires. Ces deux catégories abstraites comprennent des substances tout à fait opposées; il se trouve dans l'une comme dans l'autre, des capitaux stériles et des capitaux productifs. Le capital usuel confondu avec l'industriel, est analogue au capital foncier, tandis que le capital rural, presqu'inhérent au foncier, porte les caractères du capital industriel. Qui se dirige d'après les titres seuls, travaille le plus souvent contre ses propres vues : pour savoir ce qu'on veut et ce qu'on fait, il est nécessaire d'analyser la matière avec scrupule et sans préjugés.

C'est ainsi qu'on auroit voulu atteindre le capital usuel, de même que le foncier, s'il étoit possible de le démêler du capital industriel : et on voudroit, en attaquant le capital foncier, respecter le capital rural autant que l'industriel. En effet, ces deux derniers capitaux se montrent les agens de tout le mécanisme social, où les premiers apparoissent comme des élémens inertes par eux-mêmes : aussitôt qu'ils sont entamés ou entravés, on voit s'affoiblir la production dont les épargnes devoient accroître les autres, tandis que ceux-ci au contraire portent le même profit, moyennant leur aide, bien que le prix vénal en soit altéré.

En général, les valeurs mobiliaires se tiennent dans un mouvement continuel et accéléré, dont l'effet est d'augmenter la masse des richesses; c'est comme la boule de neige dont rien ne doit obstruer la marche, ni atténuer l'énergie. Il faut les attendre à leurs dernières fins : il ne faut les saisir que sous la forme de matières passives dont elles vont bientôt se revêtir. Toute action tend en dernière analyse, au repos; tout capital flottant est entraîné vers la consolidation : le capital foncier ou la terre, est le terme obligé où vont aboutir toutes les sortes de fonds. L'individu pris à part en apporte la preuve, et l'être social représente l'ensemble des êtres privés.

Il faut dire en outre que le capital mobilier élude facilement les recherches de l'impôt et exige du moins des frais énormes de perception, des mesures fâcheuses d'inquisition. Il faut dire que la justice bien entendue est appelée à le ménager, par cela seul que sa manœuvre porte beaucoup de dangers et requiert autant de patience que de peine : une prime de faveur est légitimement due en compensation, et lorsqu'elle est retirée, les gens habiles et honnêtes ne s'exposent pas à les encourir.

Ces choses sont d'autant plus à priser, que l'Etat est gêné par la pénurie et la stagnation des capitaux productifs : il en est alors comme à l'origine des nations, si ce n'est qu'on n'avoit point à y combattre contre la prévention et les habitudes. Le revenu public de l'Europe resta long-temps confiné au systême des services en nature; il passa ensuite aux ressources de la dîme pour le Prince, et de la moitié du produit pour le propriétaire; de là il s'éleva à la taille et à la capitation. En somme, sauf à l'égard des sels, c'est depuis peu de temps que le trésor public a découvert d'autres sources propices; et à cette heure où l'opulente Angleterre y creuse à une telle profondeur, les nations moins avancées osent à peine puiser à la surface.

Nos ancêtres nous donnent ainsi la grande leçon. A la naissance, ou lors de la renaissance des sociétés, il importe par-dessus tout de ne pas troubler l'action, de ne pas réduire les forces qui travaillent à leur développement

loppement naturel. L'enfant qui seroit enchaîné sur un lit, ou soumis à des saignées fréquentes, ne pourroit jamais parvenir à la puissance de l'homme mûr, au lieu que ces sortes de violences arrêteroient seulement l'exercice des moyens de celui-ci, sans en altérer la capacité.

Telles sont les considérations qui tendent, en cas de nécessité, à ramener au systême de surcharge ou d'avance au compte du capital foncier, en respectant toutefois les limitations apposées dans l'intérêt des laboureurs et des fermiers. Cet intérêt devroit être mis tout à fait hors d'atteinte, s'il s'offroit des moyens d'attaquer immédiatement le capital foncier : mais la seule voie praticable paroît être désignée par l'impôt annuel dont il est déjà grevé ; de sorte qu'on est réduit à accumuler les précautions propres à leur éviter un contre-coup funeste.

On verra que le développement du systême même, ménage pleinement la première limitation. Il est difficile de concevoir autant d'espérances quant à la seconde : sa plus sûre sauve-garde sera établie par les termes de paiement accordés aux contribuables ; la longueur des échéances donne le temps d'épargner d'une part, de réaliser de l'autre, et surtout de réfléchir sur ses propres intérêts. L'escompte à supporter par le trésor s'ajouteroit par anticipation au montant de la charge, sans que cette addition nuise au propriétaire, vis-à-vis les risques futurs dont elle le garantit.

Il est plusieurs manières de faire usage des traites ou cédules souscrites par les contribuables. Elles peuvent être endossées par les receveurs généraux ou par le directeur du trésor, avec obligation de les rembourser au terme; elles peuvent rester en dépôt chez les receveurs, qui émettroient par contre leurs effets personnels à ordre ou au porteur; il y auroit moyen enfin de les passer en compte aux fournisseurs, ou d'obtenir des avances d'une compagnie, au moyen de leur remise.

Le séquestre des biens seroit beaucoup plus efficace et moins funeste que la voie des exécutions pour en prévenir le non paiement; et en cas de retour, des ressources subsidiaires se trouveroient dans l'émission des bons du trésor, ou dans la suspension de certaines dépenses. En somme, l'opération est assurée, pour peu que l'ordre actuel des choses s'établisse fixement, pour peu que le crédit moral du Souverain soit consolidé : s'il en pouvoit arriver autrement, on conçoit que les rentrées de différentes natures se trouveroient encore plus aventurées.

Maintenant, voici comme on entend le mode de répartition. Il a été dit que les petits cultivateurs devoient rester indemnes; et il s'ensuit naturellement que les classes voisines ne doivent être atteintes que dans une progression analogue. Jusqu'à présent les taxations de cette sorte ont été assises par la voie d'imputations spéciales sur telles et telles personnes prises à part et extraites de la masse; mais cette marche donne naissance aux plaintes et aux jalousies, ainsi qu'aux erreurs : et de tels résultats ne sont nullement indifférens, lorsqu'il convient de ménager l'esprit public.

On désireroit au contraire procéder par une méthode de dégrèvement qui ne s'ouvrît qu'aux réclamations de justice évidente, et qui resserrât la sphère funeste des récriminations. En général, dans les mesures entachées de vague et d'arbitraire, l'individu est moins affecté du montant de sa cote propre, que de son rapport avec les cotes étrangères.

Ainsi l'impôt foncier seroit surchargé en totalité dans la proportion nécessaire; et il seroit accordé par le même acte, un fonds considérable de non-valeurs pour le dégrèvement entier ou partiel des contribuables désignés par la loi. Ce fonds s'éleveroit dans chaque département, du quart à la moitié du capital de la surcharge, en raison composée de la division des propriétés entre ses habitans, et de la situation naturelle ou accidentelle de ses richesses.

La loi indiqueroit les caractères généraux de la classe dont la décharge seroit absolue: le labeur manuel en fixe la borne fondamentale, sauf les modifications apportées par l'étendue des terres en jouissance. La loi mettroit également en dehors de toutes réclamations, les classes qui paient au-dessus de tel ou tel taux, dont la détermination s'opéreroit d'après le cours local des dépenses communes de la vie : ce travail seroit singulièrement facilité, au moyen de la liste existante des plus imposés.

Il resteroit à procéder aux décharges partielles. A cet égard, des instructions seroient rédigées de sorte à resserrer la latitude de l'arbitraire. Les commissions chargées de la besogne seroient choisies hors du département, et garanties par l'autorité du renom, par les sauve-gardes du traitement; les aides qu'elles éliroient n'auroient pas le droit de conseil, et les arrêts ne se porteroient jamais dans leur présence.

Lorsque la force des choses ne laisse de choix qu'entre des mesures extrêmes, il sembleroit que ce plan concilie, autant que possible, les vues de la morale et de la politique. Les sources de la population et de la production ne sont ni desséchées, ni détournées; les dépenses de nécessité sont respectées, et celles d'aisances sont ménagées : il est imposé au pouvoir discrétionnaire des prescriptions qui limitent ses erreurs, et amortissent les plaintes.

On n'y conçoit de vice essentiel que d'assimiler la charge imposée aux fortunes mitoyennes et supérieures, que de resserrer l'application du mode progressif et d'adapter le mode proportionnel à une sphère trop étendue : la seule justification à cet égard consiste dans la crainte majeure de donner une extension indéfinie à l'arbitraire.

En s'exprimant ainsi, c'est reconnoître, au grand scandale de maintes personnes, qu'on adopte en principe l'établissement du mode semi-progressif. Il convient de développer sa pensée sur ce point.

L'opinion seroit toute autre dans un temps

ordinaire et pour un subside permanent, car alors le mode progressif entraîneroit le nivellement des fortunes. D'ailleurs le mécanisme social se moule peu à peu à toutes les formes qui lui sont infligées; et les résultats fâcheux de l'impôt sont atténués, avec le temps, par le retour plus ou moins complet de l'équilibre, par le changement plus ou moins prompt des habitudes : il arrive même souvent que les bienfaits de sa stabilité l'emportent sur les avantages de sa répartition.

Mais les données actuelles étant absolument inverses, font déjà pressentir une solution différente du problême. Le travail est comme suspendu dans son exercice, et les capitaux sont fort altérés dans leurs masses; il est nécessaire de laisser reprendre celui-là, de laisser se reformer ceux-ci. L'influence d'une charge accidentelle et passagère tendroit à entraver leur rétablissement, à leur imprimer une fausse direction, également difficile à prendre et pénible à abandonner.

C'est ainsi que l'imputation des subsides a été appelé sur le capital le moins précieux, sur le capital foncier : or, les petites fractions de ce capital ne sauroient être atteintes par la loi, sans menacer les valeurs éminemment productives, qui sont confondues aux mêmes mains ; et, pour éviter ce désastre, il n'est d'autre moyen que d'adapter l'impôt sous un mode progressif.

La seule entente d'un tel plan, se réduit donc à protéger les moyens et les agens de la reproduction, à favoriser le développement progressif de la richesse nationale : il s'ensuit que tous les capitaux sont mis et tenus en valeur, de sorte à jeter leurs profits naturels, et à former des épargnes analogues. Et dès-lors le contribuable se trouve bientôt récupéré par ses bénéfices, d'une avance exigée en vue de les assurer : dès-lors l'État s'acquitte de sa dette, sans éprouver une gêne prolongée, sans consommer une perte irréparable.

FIN.

TABLE.

www.ingramcontent.com/pod-product-compliance
Ingram Content Group UK Ltd.
Pitfield, Milton Keynes, MK11 3LW, UK
UKHW021233230726
13926UKWH00003B/1403